"Marketing Pills"

Píldoras de Marketing para todas las ocasiones

- Salvador Figueros -

Copyright © 2018, Salvador Figueros.

Todos los derechos reservados.
Prohibida la reproducción total o parcial de este libro,
en ningún formato, sin la autorización por escrito del autor.

Publicado por
Fast Food Publishing

Impreso en España

Salvador Figueros
"Marketing Pills"

Esta publicación ha sido diseñada para proveer información en relación al contenido cubierto. Se distribuye con el entendimiento de que tanto el autor como el editor no tienen la obligación de prestar consejo legal o de cualquier otro tipo. Si el consejo legal, asistencia o ayuda de cualquier otro experto fuese necesaria, se deberían contratar los servicios de un profesional.

*"A todos los que quieren ir
más deprisa."*

Índice

Tu Cliente	10
No me gusta el Steak Tartare	12
El ataque de los clientes	13
¿Puedo ayudarte en algo?	15
Diferencia entre Estrategia y Táctica	18
La estrategia de ser estratégico	19
¿Eres pequeño para triunfar?	21
¿Cómo puedo pelear con Nike?	23
Todavía no rompas las reglas	26
Google versus Yahoo	28
¿A quién le importa la competencia?	30
No necesitas nada para emprender	31
La verdad está ahí fuera	33
¿Qué botón estás apretando?	35
Imperfecto no es igual a Error	37
El principio de Armstrong	38
Cómo ganar más con tu negocio	40
La historia de "Dell Computers"	43
¿Estás en la media?	45
El Benchmarking es peligroso	47
Hasta los cacos lo saben	49
¿Qué es eso de Innovar?	50
El principio de Imprescindibilidad	53
Productos para todos los momentos	55
Guía para descubrir negocios	60
El caso Hotmail	62
El efecto Televisión	65
Cubrir el mínimo es una buena idea	66
Prometer y entregar	68
Incongruencias	70
Las mujeres barbudas venden más	71

Tu imagen cuenta… mucho	73
Tu marca es un juego del 100%	75
¿Quién ha pedido la cuenta?	77
Tu marca no es tu marca	79
Atractivo gana a bueno cuando…	80
El diseño te diferencia	81
¿Pueden vender los colores?	83
4 Pasos para dar con un nombre	85
¿Quién necesita un logo?	88
Pon un poco de sal en tu imagen	90
¿Qué es una marca personal?	92
Cómo construir tu marca	95
¿Cuál es tu tono?	97
¿Qué clase de idea estúpida es esa?	99
El efecto "Ramones"	101
Las grandes ideas no lo son	102
Menos puede ser mucho más	104
Fácil mejor que factible	106
¡Quiero más fans!	107
Mi producto no es divertido	109
¡Más de lo que quiero a mi mie**a!	111
Doce centímetros	113
Personalizar o no personalizar	115
¿Cuál es el tamaño de la diferencia?	117
Marketing del bueno	119
¿Por qué no?	120
Un día en las carreras	121
La estupidez es rentable	123
Anatomía de un producto de éxito	125
Quiero unos abdominales 10	127
El secreto de Ellen´s Stardust Diner	131
Cuando miras de forma diferente…	133
Caer fuera del estándar	135
Tirarse pedos es un negocio	138
Una apuesta arriesgada	140

Aprende a fracasar como Apple	141
5 Pasos para crear una tendencia	144
¿Por qué el resultado es imbatible?	146
La estrategia del corredor de fondo	148
Cómo conseguir objetivos	150
¿Quién es Frank Howser?	152
¿Sufres Capitanitis en tu empresa?	154
Los números hablan	156
¿Tiene razón la ardilla?	158
Toda la verdad sobre la publicidad	160
No es la plataforma	161
18 Maneras de comunicar mejor	163
Huevos, pollos y negocios	164
Cómo fabricar una gran idea	165
Sonrisas y negocios	168
Cómo crecer eliminando clientes	169
Las ventajas del Marketing Directo	171
¿Publicidad o credibilidad?	175
¿Para qué sirven los medios?	178
Atención	179
Un tweet de Brian Tracy	181
El sexo es malo para el marketing	183
Publicity es una palabra rara	185
El salto más largo	189
Promociónate sin invertir un euro	192
¿Dónde están las conversaciones?	196
El dinero está en el titular	197
Ahorra dinero en publicidad	200
8 Errores de tu plan de medios	202
¿Es marketing un pecho desnudo?	207
Los peligros de ser otro	210
Cuidado con tus palabras	212
Récord de levantamiento de cejas	214
Presenta sin morir en el intento	216
La ley de Mary Poppins	218

11 Preguntas para mejorar tus ventas	220
Tres momentos críticos	225
El marketing trabaja con números	227
Un poco de ayuda de tus clientes	229
El tiempo no es tu amigo	234
Tu tarjeta de visita vende	236
16 formas de espantar a tus clientes	243

MARKETING PILLS

"El Marketing es demasiado importante como para dejárselo al departamento de Marketing."

-David Packard-

Tu Cliente

Puedes hacer la pregunta. Puedes coger a alguien cercano que haya lanzado su propio negocio y le puedes preguntar quién es su cliente.

Seguro que empieza a hablar rápidamente. Lo tiene todo en la cabeza. La información sale a borbotones. "Mi cliente es todo el que... Mi cliente se dedica a... Mi cliente... Además, mi cliente también es... Hay otros que pueden serlo en función o no del momento, pero..."

La respuesta siempre es más o menos parecida. Mucha información. Mucha seguridad y una definición de cliente que se va ampliando según se va extendiendo la propia explicación.

Al final, la definición es lo suficientemente amplia como para no recordarla. Al final, su cliente son todos o casi todos o todos los tipos de cliente que puede ir recordando.

Otra pregunta

Puedes hacerle otra pregunta. Puedes averiguar si ha escrito en un papel quién es su cliente. Lo más probable es que no lo haya hecho. Es lo más probable porque más del 90% de los pequeños negocios no dedican un solo minuto a pensar en ello.

Sí, claro, claro que piensan en los clientes. Son importantes. Todos lo saben. No, no tiene nada que ver con eso. Piensan en los clientes, pero piensan de otra manera.

Los clientes están ahí. Sencillo. Sólo tienes que salir y cogerlos. Ésa es la idea generalizada. Luego sales y no los coges. Pasa.

Las cosas son de otra manera

Es algo intuitivo en tu vida cotidiana. Es natural. Necesitas información para poder funcionar. Si quieres hacer deporte, tienes que saber qué deporte practicarás. Por muchas razones.

Te pondrás zapatillas si vas a jugar al baloncesto o botas cuando juegas al fútbol o... lo que sea, pero necesitas información para tomar la mejor decisión.

Pasa en todo, también pasa en tu negocio. Si no has definido correctamente a tu cliente, si no sabes quién es, el resto importa poco.

¿Por qué?

Porque todo empieza ahí, en el cliente. Es así. Además, tu cliente no son todos. También es así. Tu cliente es el que tú hayas decidido que sea.

Tu cliente no es una casualidad. Tu cliente es una decisión. Una decisión que depende de tus habilidades, de tus capacidades, de lo que puedas hacer por él. Ahí caben unos cuantos. Con suerte caben muchos, pero nunca caben todos.

Cuando lo tienes claro lo escribes. Mejor aún, lo escribes para tenerlo claro. Sí, hay que escribirlo. Ayuda.

Es lo suficientemente importante como para que hagas una definición por escrito. Es una buena manera de reflexionar. De poner o quitar adjetivos. De quedarte con lo que de verdad importa. Con tu cliente.

No Me Gusta El Steak Tartare

Algunas frases están siempre ahí. Las hemos oído tantas veces que tienden a institucionalizarse. Hay muchas.

En el marketing también se usan. Hay un montón de ellas. Quizá, una de las más típicas es "Trata a tus clientes como te gustaría que te tratasen a ti". Todo el mundo la utiliza.

¿Por qué no? Es redonda. Suena bien. Tiene sentido, pero… es falsa. Sí, es falsa. No funciona.

Trata a tus clientes como…

El mundo está lleno de negocios que no piensan demasiado en sus clientes. Lanzas tu proyecto, pones tu producto en el mercado y ya está. Se acabó. Ya no hay que hacer nada más. En definitiva, en eso consiste el mundo de los negocios. En tener el mejor producto.

Luego te das cuenta. Recapacitas y piensas: el cliente es importante. Siempre has tenido la sospecha, pero, de repente, se hace muy evidente. Lo ves.

Hay que tratar bien al cliente. ¿Cómo? Como te gustaría que te tratasen a ti. No puede haber mejor fórmula. Si lo haces así, no puedes fallar. Es la mayor demostración de interés que puedes ofrecer a tus clientes.

Lo haces y el tema no termina de funcionar. Los resultados no son los que esperabas. Te sorprende. ¿Qué más se puede hacer? Tratar a tus clientes como te gustaría que te tratasen a ti es lo máximo.

Steak Tartare

Alguien dijo que, si tuviésemos que tratar a nuestros clientes como nos gustaría ser tratados, la próxima vez que fuese a pescar pondría en el anzuelo "steak tartare".

Sería divertido, pero la pesca sería un fracaso. ¿Por qué? Porque los peces no quieren "steak tartare". Quieren lombriz.

En tu negocio es igual. Tus clientes no quieren lo que tú quieres. No quieren que les trates como te gustaría que te tratasen a ti. Tus clientes quieren que les trates como les gustaría ser tratados (a ellos).

Tus clientes son distintos. Tienen sus gustos y no tienen porqué ser iguales a los tuyos. Tus clientes quieren que les entiendas. Que comprendas sus intereses. Tus clientes no quieren "steak tartare", quieren lombriz.

El Ataque De Los Clientes

Si buscas en Youtube "ataque de carpas", podrás ver un montón de vídeos donde carpas enloquecidas saltan dentro de las embarcaciones que pasan a su lado. ¿Te imaginas una escena similar con tus clientes? Un montón de clientes atacándote. Llamando a tu puerta. Colándose en tus instalaciones. Comprando sin parar. Clientes por todos los sitios. Clientes y clientes. Tantos clientes que no puedes dar abasto.

Éste es uno de los grandes sueños de cualquier emprendedor. Lanzar un negocio que funcione como un inmenso imán para sus clientes. Que les atraiga y les haga perder la razón. Que le hagan decir: ¡Ni un cliente más!

Así son los grandes negocios. Ellos lo han conseguido. Tú también puedes hacerlo. No es fácil, pero es posible. Sólo tienes que saber cómo.

Yo me llamo...

Las cosas siempre empiezan así. Primero te presentas. Después, lo demás. Si tus clientes no saben quién eres, tendrás problemas. Si no saben dónde estás, tendrás problemas. Si no saben qué haces tendrás problemas. Si no saben..., no compran.

Eso tiene sentido

"Tiene sentido" es una gran expresión. Quieres que tus clientes la pronuncien. Quieres que la asocien con tu comportamiento.

Tiene sentido cuando dices cosas interesantes, cuando haces cosas que aportan. Las compañías que tienen sentido gustan a los clientes. Las compañías que tienen sentido siempre se ganan la credibilidad de todo el mundo.

La autoridad se gana con el sentido y es uno de los grandes valores en cualquier negocio. Cuando tu compañía tiene autoridad, es segura. ¿No buscan eso los clientes?

Coincidimos en tantas cosas que...

¿Con quién te tomas un café? ¿Con quién vas a cenar? ¿Con quién vas al cine? Lo haces con las personas con las que tienes puntos en común. Con las personas con las que coincides.

La afinidad es importante. Cuando hay afinidad, las personas se gustan, hacen cosas juntas. En los negocios pasa lo mismo. Compras a empresas afines. A empresas a las que te apetece comprarles porque coincides con ellas. Te caen bien. Te gustan.

Me va perfecto

Vas por buen camino. Ya te conocen. Les has dicho a todos quién eres. Te has ganado toda su confianza porque eres creíble. Tienes autoridad. Quizá, no les gustes a todos, no es fácil. Pero a los que les gustas, les gustas mucho. Hay una gran conexión.

Todo eso está muy bien, pero, si lo que ofreces a tus clientes "no les va perfecto", has fallado. Si no le resuelves "su" problema, lo demás no importa. Su problema es lo único relevante. Tú tienes que resolverlo. Si no lo haces, buscarán a otro que lo haga.

Las grandes compañías trabajan así. Hacen este tipo de cosas. Han conseguido que todos les conozcan, se han ganado la autoridad, gustan a la mayoría y, sobre todo, resuelven los problemas de sus clientes.

Si lo consigues, es muy probable que te pase lo mismo que pasa en los vídeos de carpas de Youtube. Que estés en una situación en la que los clientes te ataquen. En la que los clientes salten a tu barca.

¿Puedo Ayudarte En Algo?

Servir a tus clientes es uno de los aspectos importantes de cualquier negocio. Si sirves bien a tus clientes, tus clientes estarán encantados. Volverán. Se lo dirán a todos sus amigos. Te recomendarán. Tendrás la mejor publicidad que puedas soñar. Te costará cero.

Ésa no es la cuestión. Todos lo entendemos. Clientes bien servidos es igual a clientes satisfechos. Luego, todo lo demás.

¿Dónde está el problema?

Quizá las dudas se plantean cuando tienes que definir cómo servir bien a un cliente. No es fácil. Por lo general, lo asocias a estar muy encima del cliente. Tiene sentido. Lo puedes hacer bien o mal.

Estar encima del cliente NO es hablar sin parar. NO es dar información que no se ha pedido. NO es elegir la solución por ellos. NO es plantear un sinfín de alternativas que no tienen sentido. NO es nada de eso.

Volcarte con tus clientes está bien. Atosigarles no funciona. Tus clientes no son estúpidos. Saben lo que quieren, aunque no lo sepan. No necesitan que les sustituyas. Necesitan que les orientes.

El inicio de todo

Quieren que les escuches. Son tus clientes y quieren contarte cuál es su problema. Todavía no digas nada. Espera un momento. Déjales que se expliquen. Ahora, sí.

Cuando no escuchas, les estás quitando el control. No van por dónde ellos quieren. Les conduces por tu camino. Quizá, está bien. Tu camino es correcto, pero tu cliente se siente inseguro.

Deja que tu cliente dirija la relación. Si no sabe cómo hacerlo, ayúdale. Si no se siente cómodo, házselo fácil.

Necesitar orientación no tiene nada que ver con ceder el control de la relación. Él ha sido el que ha dado el primero paso. Tú tienes que ayudarle a dar los siguientes.

Ahora, la orientación

Éste es tu turno. Aprovéchalo. ¿Qué espera de ti tu cliente? Que le ayudes a encontrar la mejor solución. No espera que le ayudes a encontrar tu solución. Sino la mejor.

El planteamiento no es sencillo. Te está pidiendo que no seas egoísta. Te está pidiendo que pienses en él. Hazlo.

Piensa cómo puedes ayudarle a solucionar su problema. Qué producto o servicio encaja con lo que realmente necesita. Preséntaselo. Explícaselo. Entiende si es el adecuado. ¿Sí? Perfecto. ¿No? Busca más soluciones coherentes.

Sí, puede ser que finalmente no tengas lo que busca. No pasa nada. Has hecho tu trabajo. Ahora, sólo tienes que indicarle dónde puede encontrar la solución. ¿En la competencia? Seguramente. Adelante. Dale la referencia.

Si te parece complicado darle una venta a tu competencia, piensa en los siguientes escenarios.

Primero. No tienes la solución adecuada. Tu cliente se marcha sin resolver su problema. Cuando vuelva a tener una necesidad relacionada con tu producto, puede o no puede pensar en ti.

Segundo escenario. No tienes la solución, pero se la das. No es tuya. ¡Qué más da! El cliente se marcha con la referencia de tu competencia y con un problema menos. Tú has demostrado tu confianza en tu negocio, tu voluntad de servir y la voluntad de hacerlo de nuevo cuando surja la oportunidad. ¿Pensará en ti el cliente en el futuro?

Puedes elegir el que quieras. A mí me gusta más el segundo escenario. Hay confianza. No pagan mucho por ella, pero su rentabilidad puede ser infinita.

Diferencia Entre Estrategia y Táctica

El complemento de la estrategia es la táctica. La estrategia necesita la táctica para existir, para desarrollarse. Eso lo entendemos todos. Aquí no hay conflicto.

Las definiciones salen de corrido. Una vez que las has interiorizado, las disparas sin demasiado problema.

La estrategia es cómo vas a ir del punto A al punto B. La táctica son las acciones que tienes que realizar para completar la estrategia.

Las cosas cambian cuando tienes que fijar tu estrategia. También, cuando tienes que fijar tu táctica. Las cosas no son tan claras.

Precios bajos

En julio, el Corte Inglés baja sus precios. Es normal. Es el momento de las rebajas. Tienes un montón de cosas de la temporada pasada. Empieza una nueva temporada. Si no quieres quedarte con stock, hay que bajar los precios. Es así.

Las rebajas de El Corte Inglés no son estrategia. Las rebajas de El Corte Inglés son un movimiento táctico.

La estrategia de El Corte Inglés es ofrecerte "todo lo que puedas necesitar en un entorno de confianza". Sus productos y sus colecciones le ayudan a completarla. Cuando termina la temporada, tienen que deshacerse de lo antiguo para dar paso a lo nuevo. Eso es todo. Movimiento táctico.

Otros precios bajos

Hay otro tipo de rebajas o hay otro tipo de gestión de precios. Ryanair también tiene precios bajos. De hecho, se ha hecho mundialmente famoso por eso.

A diferencia de El Corte Inglés, los precios bajos de Ryanair son estrategia. Sí, la estrategia de Ryanair es llevarte de una ciudad a otra a precios ridículos. Ésa es su estrategia. Toda la compañía trabaja para eso.

¿Su táctica? Bueno... muchas cosas. Aprovechar la tecnología, sistematizar los procesos, optimizar las operaciones,...

Precios bajos y precios bajos

No todos los precios bajos son iguales. Los precios bajos de El Corte Inglés no son iguales a los precios bajos de Ryanair. Sí, todos son bajos. Sí, todos buscan lo mismo. Sí,..., pero no son iguales.

Ésta es la gran diferencia entre estrategia y táctica. El precio no es estrategia. El precio no es táctica. El precio es sólo un elemento.

Cuando lo elevas y lo conviertes en un marco, el precio es estrategia. Cuando se convierte en la referencia de todo lo que haces, el precio es estrategia. El precio de Ryanair es estrategia.

Los precios que tienen un momento en el tiempo, los que tienen una vida más corta, los que no condicionan las operaciones de la compañía... ésos son elementos tácticos. Las rebajas de El Corte Inglés, las rebajas de todos son táctica.

Las cosas son así. Unos precios marcan la táctica y otros siguen la estrategia. Después, le puedes poner el nombre que quieras.

La Estrategia De Ser Estratégico

Todo lo que suena a estratégico tiene un punto de glamour. Hay que preparar, hay que planificar, hay que saber cómo vas a llegar. Es una buena manera de hacer las cosas. Suena bien. Cuando no lo haces, algo falla.

El razonamiento es bueno. Preparar para llegar. Planificar para conseguir. Son conceptos estratégicos. Siguen una secuencia. Funcionan.

Los conceptos son buenos, pero hay que saber parar. ¿Dónde? Donde funcionan. A veces, la tentación es muy grande. Demasiado. A veces, sigues. ¿Por qué no? Sólo estás siendo más estratégico. Ésa es la idea. Estrategia sobre la estrategia. Doble ración. No puede ser malo.

El Plan Estratégico

Herb Kelleher, uno de los fundadores de Southwest Airlines, dijo algo interesante. "Tenemos un Plan Estratégico. Se llama hacer cosas". Es una de las mejores definiciones de Plan Estratégico que he oído jamás.

Hay que prestar atención a Kelleher. Algo sabe de todo esto. Es uno de los autores de la mayor historia de éxito de la aviación en Estados Unidos. Kelleher y su equipo transformaron una aerolínea regional en la mayor compañía low cost de Estados Unidos haciendo cosas.

El plan estratégico es hacer cosas. El plan estratégico es dejar de pensar y empezar a actuar. El plan estratégico es moverse.

¿Entonces...?

Muévete. ¿Con estrategia? Claro. Todos necesitamos una. ¿Cómo llegar del punto A al punto B? Ésa es la cuestión. Piensa en ella. Resuélvela. ¿Lo tienes? Tienes tu estrategia.

Después, haz caso a Herb Kelleher. Después, empieza a hacer cosas. ¿Muchas? Las suficientes. Las suficientes para saber si funcionan.

Las suficientes para poder recuperarte si fallas. Las suficientes para moverte y mover a tu compañía.

La estrategia es importante. Te ayuda. Te dibuja un camino. Bueno o malo. ¿Funciona? Perfecto. ¿No funciona? Lo cambias. La estrategia es necesaria.

La estrategia de ser estratégico es algo diferente. Dibuja muchos caminos. Más de los necesarios. Demasiados para tomar decisiones. Demasiados para ponerte en marcha.

¿Eres Pequeño Para Triunfar?

"El Tamaño Importa". Éste era el eslogan con el que promocionaron el remake de Godzilla en los 90. Seguramente, el tamaño es importante para un monstruo como Godzilla.

¿Qué pasa en los negocios? ¿Importa el tamaño? Los negocios Godzilla son grandes y tienen recursos. Está bien. A todos nos gusta trabajar con más recursos. Pero ser pequeño no es una desventaja. Ser pequeño es una diferencia.

Comparto la idea de que las cosas no son buenas o malas. Las cosas son buenas o malas, importantes o no, en función de lo que hagas con ellas. Con los negocios pasa lo mismo.

¿Eres pequeño? Perfecto. Hoy tendrás cerradas algunas puertas (determinadas inversiones, bla, bla, bla,...). ¿Y? Si entiendes la diferencia que supone ser pequeño, podrás sacarle todo el partido a tu negocio. Los negocios pequeños:

1.- Disponen de mayor agilidad para tomar decisiones más rápidamente. No tienen que pelear con la burocracia de las grandes organizaciones.

2.- Se atreven a probar más cosas. Tienen capacidad para asumir el riesgo sin tener que preocuparse por mantener su silla.

3.- Pueden centrarse en nichos rentables que, quizá, no tienen el suficiente tamaño como para resultar atractivos a las grandes compañías.

4.- Sé mueven rápidamente y pueden cerrar alianzas interesantes sin que los acuerdos se dilaten demasiado en el tiempo.

5.- Son extremadamente ligeros. No necesitan de grandes infraestructuras para lanzarse y ponerse a operar enseguida.

6.- Ofrecen un trato más directo y personal a sus clientes que las grandes empresas. Es más fácil para sus compradores llegar a los que toman las decisiones en la empresa.

7.- Son lo suficientemente flexibles como para cambiar el rumbo del negocio cuando las cosas no van como habían planificado.

8.- Tienen mejor tomado el pulso del mercado. La distancia entre clientes y decisión en los pequeños negocios es muy pequeña. Esto les permite saber cómo se mueve su mercado y responder rápidamente a sus demandas.

9.- Muestran pasión por lo que hacen. La pasión es un nexo emocional muy potente que se pone de manifiesto en la relación con sus clientes y les ayuda a estrecharla.

10.- Ofrecen soluciones más innovadoras. La falta de recursos de los pequeños negocios les obliga a ser más creativos en su forma de actuar.

Cuando entiendes cuál es la ventaja de ser diferente, de ser pequeño, estás preparado para hacer las cosas bien.

¿Cómo Puedo Pelear Con Nike?

En la era de la comunicación, tienes que hablar. Lanzas un nuevo producto y tienes que contarle al mundo quién eres. Es la regla número uno. ¡Hola, estoy aquí!

Puedes hacerlo de muchas maneras, pero necesitas puntos de referencia. Miras a tu alrededor. Ves lo que hacen los demás. A partir de ahí, se puede construir. Se pueden buscar las mejores fórmulas. Copiarlas. Adaptarlas. Encontrar la inspiración e intentar encajarla.

Es una manera de hacerlo. Una forma de conectar con tu mercado y empezar una relación. Los patrones pueden funcionar, pero... no te aseguran nada. Dependen de muchas cosas. Competencia. Mercado. Saturación. Necesidad...

Cuando hay que cambiar

And1 es una compañía de calzado deportivo. Desde 1993 produce zapatillas de baloncesto. Se ha especializado en ese deporte.

Es una buena idea. El mercado está saturado de marcas deportivas que producen y venden calzado deportivo. ¿Por qué pelear contra todos? Eliges un nicho y peleas ahí. Aumentan tus probabilidades de éxito.

Cuando And1 aterrizó en el mercado, no era nadie. Tenía que hablar. Presentarse. Seguro que utilizó un montón de fórmulas tradicionales. El tema no es fácil. Es mucho más complicado cuando eres nuevo, cuando tienes poco presupuesto, cuando...

Es incluso más complicado cuando tienes que pelear contra el número uno. Nike no está al alcance de casi nadie. Mucho menos de los nuevos competidores.

Cuando las cosas están difíciles, hay que cambiar. No hay que seguir patrones. Hay que buscar alternativas.

Más posibilidades

Ésa es la idea. Más posibilidades.

No parece muy inteligente intentar asociarse con la NBA cuando no tienes recursos. No parece muy inteligente intentar firmar jugadores famosos cuando lo hacen los que tienen los bolsillos mucho más llenos que los tuyos. No parece muy inteligente pelear con la competencia en su terreno.

¿Entonces? Entonces tienes que crear tu propio terreno. Tienes que crear tu propia comunicación.

Eres un fabricante de zapatillas de baloncesto. Sólo haces eso. Centras toda tu atención en ese deporte. Pero la comunicación convencional no es para ti. Ese espacio ya está ocupado. Buscas otro.

¿Dónde están las oportunidades?

Las oportunidades están en otro sitio. Las buenas oportunidades no se ven fácilmente. Ésa es la característica de las grandes oportunidades.

And1 decidió no seguir al líder. Decidió desmarcarse de la vía tradicional. Buscó en otros sitios la oportunidad.

A finales de los '90 recibió una cinta de un jugador de streetball. El streetball es la versión callejera del baloncesto. Un grupo de jugadores que intercambian mates y alley-oops en medio de la calle.

Rafer Alston era el protagonista de la cinta. La grabación era muy mala. Daba lo mismo. Alston aparecía realizando jugadas increíbles una y otra vez. Espectáculo.

¿Por qué no? ¿Por qué no asociar la imagen de And1 al streetball y sus jugadores? Todo encajaba. Después de todo, el streetball representaba la esencia del baloncesto. El inicio del juego.

Algo más

A veces hay que hacer cosas. No basta con identificar la oportunidad. Hay que incorporar algo más.

El streetball es una buena idea. Es una alternativa. La gente lo conoce. Sabe qué es. Conectan. Rafer Alston es un jugador fantástico. Hace cosas increíbles. Las piezas encajan, pero falta algo. Fama. Alston no es famoso. Esto no ayuda.

And1 era una marca que empezaba. Necesitaba fama. Necesitaba a alguien famoso que enganchase con su mercado. Que funcionase como referencia.

Si Alston no es famoso, entonces... hay que hacerle famoso. Exponerle. Hacerle visible a cuantos más mejor. En eso consiste la fama.

Retomaron la cinta. La asociaron a la marca. La editaron. La mejoraron. La hicieron tan atractiva como fue posible y la hicieron visible. Se hizo llegar a todos los que tenían alguna relación con el baloncesto. Buscaron altavoces para la marca.

Finalmente, regalaron una copia de la cinta a todos los que compraron un par de zapatillas And1. La campaña funcionó.

A partir de ahí, el programa. And1 organizó el "Mixtape Tour". El programa consistía en un tour de partidos de streetball por distintas ciudades. Uno, dos, tres...

En la era de la comunicación, tienes que hablar, pero no tienes que hacerlo como los demás. Hay más opciones. A veces, no son evidentes, pero siempre están ahí.

Todavía No Rompas Las Reglas

En 1999 Marcus Buckingham y Curt Coffman escribieron un magnífico libro titulado "First, Break All The Rules" (Primero, rompe todas las reglas). El libro se ha convertido en una de las biblias del management alternativo.

En él, Buckingham y Coffman afirman que los grandes managers no tienen demasiadas cosas en común. Distintos sexos, edades, estilos y focos. A pesar de sus diferencias, en lo único que coinciden es en su determinación a la hora de acabar con cualquiera de las reglas del management convencional. Eso les hace ser mejores.

"Primero, rompe todas las reglas" es un libro fantástico y el desarrollo que hacen Buckingham y Coffman de la selección del talento, definición de resultados, reconocimiento de las fortalezas,... es brillante. Me parece un libro magnífico y coincido en todo con ellos... excepto en el título.

"Primero, rompe todas las reglas" es un gran título, pero es un título peligroso. ¿Hay que romper todas las reglas? Puede ser. No lo sé. Seguramente hay que romper muchas. Hay que romper las reglas cuando éstas no tienen sentido. Cuando las utilizas como si fuesen recetas. Cuando... Pero antes de romperlas tienes que hacer muchas cosas.

No rompas lo que no conozcas

Puedes ser transgresor. Puedes cambiar todo lo que se te ponga por delante. Puedes intentar llegar donde no llega el pensamiento convencional. Ir más allá siempre es fantástico.

Cuando lo haces sabiendo lo que estás rompiendo, es revolucionario. Si rompes algo sin conocerlo, es imprudente. No está ni bien ni mal. Simplemente, no sabes lo que estás haciendo. No tienes control.

Respeta las reglas antes de romperlas

Muchas de las reglas funcionan. Sólo por el hecho de ser viejas no significa que no tengan sentido. Han llegado donde han llegado porque han dado resultado durante muchísimo tiempo. Pueden seguir dándolo.

Hace algún tiempo, escribí un artículo titulado "El Viejo Marketing Nunca Muere". Hablaba del resultado espectacular que seguían dando las viejas técnicas de Marketing. Las que se han utilizado toda la vida. Cuando las ves en acción y compruebas sus resultados, sencillamente te siguen sorprendiendo. Funcionan y seguirán funcionando durante mucho tiempo.

Cuando tengo dudas al respecto, hecho mano de esas experiencias y las despejo rápidamente.

¿Hay que romper las reglas o no?

Claro que sí. Rómpelas. Rómpelas conociéndolas. Rómpelas con respeto. Atrévete con todo. Sólo lo que se cuestiona mejora. Sólo lo que se cuestiona te permite seguir avanzando. ¡Ah! Cuando lo hagas, asegúrate de poner otra mejor en su lugar. Si no lo haces, la regla de romper reglas no funciona.

El libro de Buckingham y Coffman podría haberse titulado algo así: "Primero, conoce las reglas. Luego, rómpelas". Es un título menos comercial, pero seguro que es mucho menos peligroso.

Google Versus Yahoo

Para progresar hay que añadir más cosas. Hay que crecer. Aumentar. Es una idea muy extendida. Si quieres llegar más lejos te tienes que ir haciendo poco a poco más complejo.

Cuando lo haces, aumentas tus funcionalidades, tus beneficios. Puedes ofrecer más cosas a más gente. Te haces más universal. Más interesante.

Es una idea muy extendida. A veces funciona. Otras veces no tiene porqué ser así.

La vía tradicional

Yahoo es una gran compañía que sigue este modelo. Aumentar, crecer e incorporar complejidad. Le ha ido bien.

Cuando empezó sus operaciones en 1994, era un simple directorio. La aventura de dos compañeros de la Universidad de Standford que en sus ratos libres coleccionaban direcciones de Internet que les parecían interesantes.

¿La idea? Ofrecer una puerta a Internet. Facilitar la búsqueda de información en la red a través de su directorio.

Poco a poco fue creciendo. Fue incorporando tiendas, noticias, subastas, comunidades, motor de búsqueda, ofertas de trabajo,...

Poco a poco, se convirtió en un portal de información con canales temáticos. Muchas noticias y menos directorio. Se hizo más complejo.

Al final, el directorio desapareció de la homepage de Yahoo. Lo que motivo la creación de la compañía dejó de tener protagonismo y se esfumó.

Yahoo es una compañía impresionante que ha seguido la vía tradicional. Ha evolucionado. Ha crecido. Ha incorporado muchas más cosas y se ha hecho más compleja. Les ha ido bien.

Vuelta atrás

Hay otras opciones. No hay que seguir lo que hacen todos. Puedes tener claro qué es lo que quieres hacer y hacerlo. Mantenerte fiel. Ésa es la vía de Google.

Google empezó más tarde. Arrancaron su motor de búsqueda el 27 de septiembre de 1998, casi cinco años más tarde que Yahoo. Cinco años es mucho tiempo. En Internet es mucho más.

Google es un motor de búsqueda. Se trata de una tecnología diferente, pero el concepto es el mismo. Una compañía que te ayuda a encontrar información en la red.

La idea de Yahoo era potente. Organizar la información. La idea era potente, pero la fueron abandonando. Crecieron y se convirtieron en otra cosa. En algo fantástico, pero distinto. Algo más complejo.

Google hizo algo diferente. Dio marcha atrás. Volvió sobre los pasos de Yahoo y se colocó en el origen de todo. Retomó la idea de ofrecer una puerta de entrada a Internet. Una puerta sencilla. Simple. Una puerta que todos entienden y pueden utilizar.

Se ha mantenido fiel a su idea. No ha incorporado más cosas. No lo ha hecho más complejo. Sí, claro que ha crecido. Claro que tiene más servicios. Claro que sí. Pero lo ha hecho "alrededor de" en lugar de "sobre la idea original".

Hay muchas formas de hacerlo. Yahoo se ha convertido en algo más complejo y tiene una compañía fantástica. Google se ha quedado en el origen y tiene una compañía única.

¿A Quién le Importa la Competencia?

¿Has hecho un Business Plan? Es probable que hayas incluido un estudio detallado de tu competencia. Cuántos son. Qué dimensión tienen. Cómo hacen las cosas. Cuánto tiempo llevan en el mercado.

Es una forma tradicional de estudiar la competencia. ¿Tiene sentido? Seguro. Es una manera de poner en contexto tu negocio. El contexto es importante. Pero el contexto es eso, contexto.

Hay competencia. Es un elemento más en el mercado. Hay otros muchos. Tienes que prestarle atención, pero no puedes obsesionarte.

Las compañías que tienen éxito están atentas a todo lo que pasa a su alrededor. No miran sólo a su competencia. Las que miran sólo a su competencia tienen problemas:

1.- No descubren nuevas oportunidades. Cuando miras demasiado a tu competencia, dejas de mirar hacia delante. Las oportunidades pasan por delante de ti. Si no las miras con atención es probable que no las reconozcas.

2.- Reducen su campo de actuación. El mundo de tu competencia se convierte en tu mundo. Los límites de tu competencia son los tuyos. Juegas el partido en el mismo campo que lo hace tu competencia.

3.- Sufren más competencia. Cuando todos estáis en el mismo sitio, todos peleáis por lo mismo. Es un mundo que, poco a poco, se va saturando y en el que la vida no es cómoda.

4.- Son cada vez más parecidas. Tu competencia se convierte en un modelo. Te mueves en función de sus movimientos. Piensas como piensan ellos. Decides ser igual. Dejas pasar la oportunidad de ser diferente.

La competencia te pone en contexto, pero también te condiciona. ¿Es importante? Es importante saber que existe. Es necesario no estar atado.

No pienses tanto en tu competencia y piensa más en tu negocio. Intenta definir tu futuro. No des a los demás la posibilidad de condicionar tu desarrollo. Por lo general, no funciona.

No Necesitas Nada Para Emprender

Casi todos conocen la historia de Microsoft. Bill Gates, Steve Ballmer y Paul Allen vendieron a IBM un sistema operativo. Un sistema operativo que iría instalado en todos los PCs. Aquel sistema terminó convirtiéndose en el famoso MS-Dos. A partir de ahí, nació el imperio de Microsoft.

La operación es interesante. La negociación de tres chavales inexpertos con la gran IBM es interesante. La frivolidad de unos ejecutivos entregando un imperio a cambio de tan poco es interesante.

Pero lo más interesante es cómo se produjo todo.

Cómo se crea un imperio

IBM estaba trabajando en sus PCs para plantar cara a Apple. Tenían los ordenadores. Bill Gates y su compañía le ofrecieron el software necesario para hacerlos funcionar.

Hasta ahí, es una historia normal. Una compañía necesita un producto. Tú tienes el producto. Lo ofreces. Asunto cerrado.

Todo es absolutamente normal si no fuese por el hecho de que Microsoft no tenía el software cuando cerró el acuerdo. No tenían nada.

Microsoft compró el sistema operativo a Seattle Computer Company. El mismo software que luego vendió a IBM.

Un gran modelo de negocio

Bill Gates formó un imperio de la nada. De la nada más absoluta. No necesitó desarrollos, software,... No necesitó nada.

Todo lo que tuvo que hacer fue encontrar a alguien con una necesidad. Buscar el producto para satisfacerla y ofrecerlo.

Así funcionan todos los negocios. ¿Obvio? No tanto. Seattle Computer Company no lo hizo. Otras compañías similares tampoco lo hicieron.

¿El valor de Microsoft? La conexión. Encontró la necesidad. Encontró el producto. Estableció la conexión.

En su caso, compró el producto. Le interesaba porque las expectativas de ganancia eran enormes. Pero el modelo funciona sin tener que comprar nada.

Más allá de Microsoft

La historia es curiosa, pero éste no es un contenido sobre Microsoft. Es un contenido sobre modelos de negocio.

Olvídate de Microsoft. Piensa en el modelo. Busca necesidades. Busca soluciones. Ponlas en contacto. Cobra una comisión.

Más alternativas. Busca empresas con un activo infrautilizado (carteras de clientes,...). Busca empresas con productos que puedan sacar partido a ese activo. Ponlas en contacto. Cobra una comisión.

Es el modelo de intermediación. Una intermediación particular. Sin productos, sin almacenes, sin infraestructuras... sin barreras de entrada. Una intermediación limpia.

Las variantes son infinitas. Sectores, productos, servicios,... En el país, en el extranjero,...

Si eres capaz de encontrar la solución a un problema, tienes negocio. No necesitas comprar nada. No necesitas fabricar nada. No necesitas nada más.

Sólo tienes que buscar problemas y soluciones, necesidades y remedios... Ponerlos en contacto y hay negocio.

Es un modelo antiguo. Un modelo conocido. Un modelo que funciona.

A veces, tendemos a complicar las cosas. A hacerlas más difíciles. A veces, es tan simple como mirar. Mirar los dos lados de la ecuación y conectarlos.

La Verdad Está Ahí Fuera

Es probable que vigiles a tu competencia. Que estés muy atento a sus movimientos. Qué productos lanzan. Qué hacen. Cómo captan sus clientes. Cómo se relacionan con ellos.

Es probable que lo hagas porque la competencia es importante. Lo que la competencia hace afecta a tu negocio.

Ésta es la visión tradicional. La que utilizan casi todos. Vigilas a tu competencia. Analizas todo lo que hacen. Adaptas lo que funciona y te olvidas del resto. Cuando lo haces, eres mejor. Gestionas mejor tu compañía. Creces más.

Otras posibilidades

Mirar lo que hacen tus competidores es inteligente. Si lo haces bien, puedes hacerlo mejor que ellos. Puedes batirles.

Es una forma de hacerlo, pero hay más. Puedes mirar dentro de tu sector. Analizar lo que hace tu competencia. O puedes mirar fuera. Mirar lo que hacen otros en otros sitios. Otros sectores. Otras compañías.

Las ventajas de mirar fuera

Hay muchas. Quizá, la más importante es la frescura. Cuando te centras en tu sector, ves mucho de lo mismo. Sacas conclusiones sobre lo mismo. ¿Buenas conclusiones? Seguramente, pero el entorno es reducido.

Fuera es algo distinto. Fuera pasan cosas. Son cosas diferentes. Frescas. Tienen menos que ver contigo. Ésa es su fuerza. Están fuera de tu contexto. Son nuevas.

Es otro enfoque, pero te puede sorprender. Tienes que reconocer lo que tiene interés. Tienes que ver si puedes adaptarlo. ¿Tiene sentido? Adelante. ¿Puedes integrarlo en tu negocio? Pruébalo. Así es como funciona todo. Prueba y error. Prueba y error. Prueba y... acierto. No hay muchas más fórmulas.

Crecer más

Al final, todo consiste en crecer. Gestionas tu negocio para hacerlo mejor. Para crecer más.

Cuando miras dentro, te ves tú y ves a tu competencia. Si no cometes los errores que cometen ellos, puedes mejorar. Si haces mejor que ellos lo que ellos hacen bien, puedes crecer más. Si eres capaz de aprender de lo que ellos hacen, avanzarás.

Dentro perfeccionas. Así es como funciona. Un producto, un procedimiento, un... lo puedes gestionar mejor. Lo puedes perfeccionar. Es un proceso de optimización.

Fuera es diferente. Las referencias que tomas fuera, las que no tienen que ver con tu sector, no son buenas para perfeccionar nada. Son buenas para cambiar. Para hacer las cosas de una manera distinta. Cómo se hace en otros sitios. Es un proceso de cambio. De transformación.

Son dos formas de hacer las cosas. Las dos tienen sentido. Hay que trabajarlas.

Cuando miras dentro, optimizas. Eres capaz de hacer mejor lo que ya haces. Puedes perfeccionar tu resultado.

Cuando miras fuera, transformas. Eres capaz de hacer otras cosas o hacerlas de manera diferente. Puedes multiplicar tu resultado.

¿Qué Botón Estás Apretando?

Tengo un cliente que trabaja duro. Cada vez que nos reunimos me cuenta lo mucho que trabaja sobre su producto. Lo mucho que lo ha mejorado. Me cuenta todos los detalles de su producción.

Es un cliente con un claro sesgo hacia el producto. Analiza todos los detalles. Supervisa todos los procesos. Tiene una obsesión enfermiza por la calidad.

Siempre me dice lo mismo. Si quieres vender un producto, tiene que ser un gran producto. Seguramente tiene razón. Él tiene un buen producto.

¿Cuál es su problema?

No vende. Por lo menos, no vende todo lo que le gustaría. ¿Qué hace? Sigue trabajando sobre su producto. Mejorándolo. Haciéndolo más atractivo. Más funcionalidades. Más cosas.

Su planteamiento no es correcto. Tiene un problema en las ventas y sigue trabajando sobre el producto. Tiene que apretar el botón verde y sigue apretando el botón rojo. ¿Por qué? ¿Por qué lo hace?

Zona de Confort

Muchos lo hacen. Supongo que se sienten seguros. Es una especie de refugio. Cuando las cosas van bien, se refugian ahí. Cuando las cosas van mal, hacen lo mismo.

Mi cliente tiene que hacer cosas diferentes. Tiene que dejar de preocuparse por el producto. Tiene un gran producto. Tiene que poner su foco en otras áreas. Tiene que dejar su zona de confort.

Hay que analizar las ventas. Entender dónde está el error. ¿Se está prospectando poco? ¿Están funcionando las tasas de conversión? ¿El nivel de retención de nuestros clientes ha caído? ¿Son adecuados los canales de distribución?...

No es "Rocket Science". Son temas intuitivos, pero exigen un esfuerzo. Tienes que entrar en otros terrenos. En terrenos donde no te sientes cómodo. Es parte del juego. Es menos atractivo, pero es donde están las soluciones. Después de todo, nadie dijo que iba a ser fácil.

Imperfecto No Es igual a Error

Hay una gran diferencia. La imperfección no tiene nada que ver con cometer un error. No se pueden meter en el mismo saco.

Algo imperfecto es algo que no llega a la perfección. Es algo relativo porque depende de la perfección.

¿Qué es la perfección? No lo sé. Supongo que algún nivel de desarrollo. Para algunos el nivel puede estar aquí y para otros no.

Error es algo distinto. Error es algo que está mal. La definición es así de sencilla. Si está mal es un error. Simple.

Imperfección y negocios

Imperfecto y negocios funciona. Puede parecer extraño, pero es así. Las cosas no tienen que ser perfectas para que tengan sentido. Las cosas tienen que funcionar.

Luego llega el nivel de desarrollo. Luego se puede mejorar todo, colocar a otro nivel. Quizá no. Quizá el nivel de imperfección es el adecuado y no hay que hacer nada más. Cumple su cometido.

Error y negocios

El error es diferente. El error tiene poco que ver con niveles de desarrollo. Cuando hay un error hay que arreglar algo. Hay que solucionarlo. No lo solucionas, no funciona. Se mantiene el error.

El error es negligente. El error cuenta cosas de tu negocio. De la manera de gestionarlo. De la preocupación por tus clientes. De…

Los errores pueden ser grandes o pequeños. Es una cuestión de dimensión, pero todos sugieren lo mismo. Todos sugieren que puedes preocuparte más por tu negocio.

El Principio de Armstrong

¿Quién fue el primero en pisar la luna?... Neil Armstrong. Es una pregunta sencilla. Has visto las imágenes cientos de veces en televisión.

Medio mundo estaba atento. El 21 de julio de 1969, Neil Armstrong descendió del Apolo 11 y se convirtió en el primer hombre en pisar la luna. A partir de ahí, héroes.

La historia se repite. Pasa siempre. Siempre que eres el primero la gente te recuerda. Hay muchos ejemplos.

¿Quién fue el primero en cruzar el Atlántico en un avión? También lo conoces. Fue Charles Lindbergh. Él fue el primero en cruzar volando el océano Atlántico sin escalas.

Todavía hay más. ¿Quién fue el primero en alcanzar la cima del Everest? Edmund Hillary fue el primero en poder contarlo. La leyenda dice que Mallory pudo conquistar el Everest unos años antes, pero murió durante el descenso. Sin pruebas de la hazaña de Mallory, ha sido Edmund Hillary el que ha pasado a los libros de historia.

¿Quién fue el primero en...? La lista podría continuar. Dale un repaso a cualquier hecho de esta naturaleza y, enseguida, te vendrá a la mente el nombre del primero en...

¿Qué pasa con el segundo?

El segundo es diferente. Éste es un mundo de primeros. Recuerdas al primero porque es el primero. Porque es diferente. Porque ha hecho algo distinto a lo que hacen los demás.

¿Quién fue el segundo en hacer cumbre en el Everest? Ni idea. Creo que fue algún componente de una expedición china o algo así. ¿Su nombre????????

Es probable que te pase lo mismo con el segundo hombre en cruzar a vuelo el Atlántico y con el nombre del segundo astronauta en pisar la luna.

Te pasa a ti y nos pasa a todos. ¿Por qué? Porque son los segundos. Porque no han hecho nada distinto a lo que ya ha hecho alguien antes. Porque lo segundos no interesan.

El principio de Armstrong

El principio de Hillary o el de Armstrong o el de Lindbergh o el de cualquiera que es el primero en algo es un principio fundamental del marketing.

"Si quieres que tu compañía, negocio o tú mismo seas recordado, si quieres estar siempre presente en la mente de tus clientes, tienes que ser el primero en algo"

Ser el segundo está bien, pero no es relevante. ¿Por qué? Porque del segundo no se acuerda nadie. Seguramente, puedes desarrollar un buen negocio, ganar dinero, pero la historia es del primero.

Si quieres ser el primero en pisar la luna...

... lo tienes bastante complicado. De hecho, es imposible. Alguien lo ha hecho antes que tú. Alguien se ha quedado con ese trozo de historia.

Si quieres ser el primer distribuidor de juguetes o de libros o de..., lo tienes difícil si "Toys R Us" o "Amazon" o... operan en tu zona.

Cuando hay otro primero, es difícil que tú lo seas porque ese puesto ya está ocupado.

Las buenas noticias son que hay alternativas. Puedes ser el primer distribuidor de juguetes... para niños discapacitados.

Quizá esa posición está libre. Si no es así, hay más opciones. Puedes ser el primer distribuidor de juguetes para niños discapacitados... sordos. Es probable que no exista ningún distribuidor especializado, únicamente, en este tipo de juguetes.

Si no es así, puedes convertirte en el primer... Así sucesivamente. Las posibilidades son muchas. Si la categoría donde quieres ser el primero ya está ocupada, crea una nueva subcategoría donde sí puedas serlo.

¿El límite? El límite depende del tamaño de la categoría. Si es suficientemente grande para hacer dinero, tienes una oportunidad.

La otra opción es ser segundo o tercero o lo que sea en otra categoría donde el primero es el que pasa a la historia.

Cómo Ganar Más con tu Negocio

Queremos más. Montamos nuestro negocio, empieza a funcionar y queremos más. Siempre es así.

¿Qué podemos hacer? Se pueden hacer muchas cosas, pero todas se mueven alrededor de tres ideas.

Más clientes

Los clientes son el principio de todo. Cuantos más clientes, más ingresos (al menos debería ser así). Es importante aumentar la base de clientes. Los clientes son tu mejor músculo. Si vas aumentando su número, eres más fuerte. Asumes menos riesgos. Puedes hacer más cosas.

Más veces

El número de veces cuenta. Clientes que compran más veces es igual a más ingresos. No dejes que se te escapen. Desarrolla estrategias para retenerlos. No basta con tener muchos clientes. Hay que hacer que consuman. Cuantas más veces mejor.

Más precio

Los productos o servicios de mayor precio suelen tener más margen. El margen es la sangre de tu negocio. Necesitas dos cosas: clientes fieles y distintos productos. Los clientes más fieles tienen tendencia a consumir productos más caros. Asegúrate de que tienes suficientes productos para satisfacerles.

El resumen es sencillo. "Queremos más clientes que compren más veces productos más caros". Es una fórmula básica que funciona. Todos estamos de acuerdo.

No creo que el problema sea ése. Todos sabemos qué hay que conseguir. El problema es cómo conseguirlo.

Muchos se dejan llevar por el más: más clientes, más veces, más precio. Atacan a mercados más amplios. El más tiene un poder hipnótico. Si no vas a por más, te quedas con menos.

Pienso que las cosas no son exactamente así. Más está bien, pero te puede confundir. De hecho, menos es la palabra. Mercados menos amplios. Si quieres qué más clientes compren más veces productos más caros, ataca mercados menores. Aparentemente menores. Una buena manera de hacerlo es ésta:

Elige tu nicho

Define tu mercado. Adelgázalo tanto como puedas. ¿Cómo sería el corazón de tu mercado? Quédate con él. Elimina a todos los que no encajan al cien por cien con tu modelo de negocio. Cuanto más lo reduzcas, más posibilidades tienes de ser relevante en ese mercado.

Elige tu diferencia

Además de dirigirte a un mercado más específico, tienes que desarrollar tu diferencia. Si eres diferente, no compites. La diferencia te hace memorable. La diferencia hace que tu mercado te recuerde. La diferencia te da ingresos.

Elige tu identidad

Construye tu identidad alrededor de tu mercado y de tu diferencia. Tu identidad es tu tarjeta de presentación. Tu nombre, logo, colores,… deben indicar qué haces, cómo lo haces y porqué. Además, debe hacerlo de una forma fácil. Sin demasiadas complicaciones.

Elige tu comunicación

¿Qué elementos vas a utilizar para contactar con tu mercado? ¿Cuándo lo vas a hacer? ¿Dónde lo vas a hacer? ¿Qué mensajes vas a lanzar?... Hagas lo que hagas, tienes que ser coherente. Respeta la naturaleza de tu nicho. Incorpora tu diferencia y tu identidad. Cuéntaselo al mundo.

Más clientes, más veces, más precio. Sí, pero piénsatelo dos veces antes de hacer nada. Y recuerda que, en los negocios, menos puede ser más.

La Historia de "Dell Computers"

"Dell Computers" es una pieza muy importante en la historia de los ordenadores. La aparición de sus equipos supuso una revolución en el mercado. Michael Dell lo cuenta en su biografía.

Mientras se preparaba para ser médico, Dell inició un negocio en su dormitorio de la Universidad de Texas. Actualizaba y mejoraba los ordenadores de sus compañeros según las necesidades de cada cliente.

Con 1.000 $ en StartUp capital, registró su compañía como "Dell Computer Corporation". En mayo de ese año (1984), dejaba la universidad.

Un Modelo nuevo

La compañía se convirtió en la primera en vender ordenadores a la carta directamente al consumidor final. Se saltaba el sistema tradicional de distribuidores y renunciaba a vender ordenadores producidos en masa.

Dell, también, fue la primera compañía en ofrecer una garantía total de 30 días. Esta medida se convirtió en su buque insignia en términos de satisfacción al cliente.

En 1987, estableció su primera filial en Reino Unido. En los cuatro años siguientes abriría 11 filiales más.

Los primeros problemas

En 1989, sufría sus primeros problemas. Acumuló un inventario excesivo de componentes de memoria. Anulaciones de pedidos y cambios en la tecnología le ocasionaron grandes pérdidas. A partir de ese momento, Dell se centró en mantener los inventarios mínimos para sacar su producción adelante.

La gran competencia existente y la necesidad de seguir creciendo a gran ritmo para evitar ser comido le hicieron plantearse la posibilidad de vender sus ordenadores a través del canal detallista de tiendas.

Finalmente, Dell se lanzó a la aventura de vender a través de intermediarios. Decidió imitar el modelo de su competencia. Lo que habían estado haciendo otros desde siempre.

¿Cuál es tu naturaleza?

Dell lo probó y no le funcionó. Terminó abandonando el canal poco tiempo después. Hoy sólo puedes encontrar algunos ordenadores básicos.

Los problemas eran evidentes. Si decidían vender a través de intermediarios, traicionaban sus principios elementales.

Eliminaban su ventaja competitiva (ordenadores a la carta). Además, perdían el contacto directo con el comprador final. No tenían el pulso de los cambios de tendencia que se estaban produciendo en el sector.

Por otra parte, al vender a través del canal, se veían obligados a acumular grandes cantidades de inventario. Asumían un riesgo que querían evitar. No querían pasar de nuevo por problemas financieros provocados por exceso de inventario.

¿Dónde está la solución?

Si vendían a través del canal detallista, se convertían en uno más de sus competidores. Perdían su diferencia. Eliminaban su ventaja competitiva y asumían riesgos por encima de los que la compañía estaba preparada para soportar.

Así, siendo uno más y sin ninguna ventaja competitiva, su futuro pasaba por la venta a un competidor más fuerte.

¿La solución? Volver a las raíces. Volver a hacer lo que Dell hacía bien. Lo que hacía mejor que los demás. Incorporando alguna novedad.

Finalmente, siguió vendiendo ordenadores a la carta directamente al comprador final. Buscó un mayor nivel de ventas con nuevos productos: portátiles, servidores,...

En muchas ocasiones, la solución no está muy lejos. Está en ti mismo. Dell no tuvo que cambiar para competir. Tuvo que entender que volviendo a las raíces tenía más posibilidades. Que siendo más Dell podía sobrevivir.

¿Estás En La Media?

"Regresión a (hacia) la Media" es un término estadístico. Cuando una variable sufre un movimiento extremo, tiende a volver a la media en el siguiente movimiento.

La media funciona como un imán enorme que atrae el movimiento de todas las variables. Te da pequeños respiros, pero siempre terminas cerca.

Un mundo alrededor de la media

Nuestro mundo funciona así. Lo organizamos todo alrededor de la media. La media te da los puntos de referencia. Te da tranquilidad. Define el comportamiento..... medio.

Cuando estás por debajo, estás incómodo. No llegas a la media. No llegas al comportamiento de todos. No llegas a la normalidad.

Luego, trabajas. Trabajas para recuperar la media. Para ser como los demás.

Los peligros de la media

La media es normalidad. Cuando intentas alcanzar la media, intentas ser más normal. Más como todos. ¿Por qué?

¿Qué hay de bueno en ser como todos? ¿Qué hay de bueno en ser homogéneos? ¿Qué hay de bueno en ser iguales?

La media se carga las diferencias. Las distintas maneras de ser. Los perfiles. Las opiniones. Las...

¿Dónde hay que poner el foco?

¿Cuál es tu prioridad? Estás por debajo de la media en algo. Estás por encima de la media en algo. ¿Qué haces?

La reflexión es la siguiente. Por encima, estás bien. Mantén. Por debajo, no estás al nivel. Corrige.

Ésa es la reflexión normal. La reflexión de la media. Pero hay otras reflexiones.

¿Qué tal... pon tu esfuerzo en mejorar en lo que eres bueno, en lo que estás por encima de la media para ser aún mejor, más diferente,... para aportar lo que no aportan otros?

Al final es tu decisión. Cada uno tiene la suya. Todas son buenas. Pero recuerda que el fenómeno estadístico de "Regresión a la Media" también recibe otros nombres: "Vuelta a la Media" y "Vuelta a la Mediocridad".

El Benchmarking Es Peligroso

Benchmarking es una de esas palabras que queda bien. Cuando la utilizas te sientes seguro. Aumenta tu caché. Suena a escuela de negocio, a multinacional, a alguien que sabe lo que hace.

La incorporas en una conversación y te miran de otra manera. "Tú tienes el secreto. Tú nos vas a enseñar el camino". Es una sensación agradable, pero ya está. No hay mucho más.

Benchmarking

Benchmarking es una palabra inglesa, pero su utilización es universal. ¿Qué es? Bueno, se puede definir de muchas maneras, pero básicamente es copiar.

Copiar suena demasiado fuerte. Mejor adaptar. Ver lo que hacen los que lo hacen bien, entender porqué lo hacen bien e intentar adaptar lo que ellos hacen a tu negocio.

La idea es interesante. Si alguien ya lo ha hecho y lo ha hecho bien, ¿por qué no mirar? ¿Por qué no entender cuál es la fórmula? ¿Por qué no...?

Si estudias con detenimiento, es posible que encuentres las claves de sus resultados. Dicen que el éxito deja huellas. Seguramente hay que seguirlas y sacarles todo el partido.

¿El problema?

El problema no es el benchmarking. Todos queremos saber. Tu capacidad depende del nivel de tu conocimiento. Si alguien hace algo bien, hay que saber cómo lo hace. Hay que saber si puedes aprovechar ese conocimiento. ¿Sí? ¿Por qué no vas a utilizarlo? ¡Adelante!

El benchmarking no es el problema. El problema es otro. El problema es no entender que hay más de un camino. Que se puede llegar al mismo sitio por caminos distintos. Mejor, que se puede llegar a más sitios por otros caminos.

El problema no es el benchmarking. El problema es adaptar demasiado y matar la identidad.

Un ejemplo interesante

Si analizas el número de empleados de algunas de las compañías de Internet más importantes del mundo, sacas conclusiones interesantes.

Google: 33.000+

Yahoo: 12.000+

Baidu: 16.000+

Amazon: 65.000+

Ebay: 27.000+

Hay un modelo de compañías de éxito que tienen unas características más o menos similares. Una de ellas es el alto número de empleados. Si adaptas el modelo, si replicas lo que hacen, es probable que termines con una compañía parecida. Es probable que te asegures el número de empleados, pero no los resultados.

Craiglist

Luego está Craiglist, una compañía que ocupaba el puesto número 46 en el ranking de tráfico mundial en Internet la última vez que lo consulté. Una compañía con más de 30.000 millones de páginas vistas al mes.

Craiglist se codea con los más grandes con una plantilla de unas 30 personas. Sí, eso es lo que dice su factsheet oficial.

Craiglist no hace benchmarking. Craiglist no ha adaptado las mejores prácticas de otros. Craiglist ha desarrollado las suyas. Ha creado su propia idea de compañía. Una compañía que funciona. Una compañía impresionante.

Hasta Los Cacos Lo Saben

El otro día escuché una noticia que me hizo gracia. Acababan de detener al rumano "Romeo Mortoy". Parece que el personaje era el jefe de una banda de delincuentes que operaba en España.

Eso no es interesante. Hay muchas bandas de muchas nacionalidades que operan en muchos sitios.

Lo interesante es que a él se le conoce como "El señor del tabaco" y dirige una banda especializada en atracos a estancos. En el último año han robado más de 2 millones de euros en cartones de todas las marcas.

Hasta los cacos lo saben

La banda de Romeo ha desarrollado una habilidad especial. Se ha convertido en la banda especialista en atracar estancos. En ladrones especialistas en robar tabaco.

Suena un poco raro, pero tiene sentido. Romeo y compañía saben que allí hay tabaco. Han desarrollado un sistema para robarlo y distribuirlo. Con el tiempo, lo han ido perfeccionando.

Se han convertido, posiblemente, en la banda especialista por excelencia en el robo a estancos. Les resulta cada vez más fácil porque son cada vez más buenos haciendo lo que hacen. Simplemente, repiten el modelo una y otra vez.

Hasta los cacos lo saben. Saben que especializarse en algo concreto da resultados. Saben que ser el mejor en algo en concreto da resultados. Lo saben y lo hacen.

Un poco de todo

Luego das una vuelta en Twitter. Lees algún tweet. Algunos más interesantes que otros. Le echas un vistazo a algún perfil y lees cosas curiosas:

"Más de 15 años en comunicación y mucho camino por recorrer. Soy un profesional de mente abierta, twitteo un poco de todo."

Un poco de todo, está bien. Es divertido, pero es poco práctico. Un poco de todo no te va a llevar muy lejos. Un poco de todo es nada.

No cometas el error de querer ser algo para muchos. Intenta ser todo para pocos. Especialízate. Los cacos lo saben y les da buen resultado… hasta que les detienen.

¿Qué es Eso de Innovar?

¿Te suena de algo la palabra innovación? A menos que hayas vivido en Marte en los últimos tiempos, es muy probable que estés hasta las narices de oír la palabra innovación a todas horas. ¿Eres innovador? Piénsatelo dos veces antes de contestar. Si no eres innovador, corres el riesgo de no ser nadie.

¿Pero qué es eso de innovar?

La Real Academia de la lengua española dice que innovar es mudar o alterar algo. Wikipedia define la innovación como renovarse o cambiar. No sé... cualquiera puede ser correcta. Quédate con la que más te guste.

A mí me gusta la reflexión que hace Simon Sinek en su libro "Empieza con el Porqué" (Start With Why). Synek diferencia entre novedad e innovación. Para él, novedad es introducir un nuevo elemento o característica en un producto (ponerle cámara a un teléfono móvil,...). La innovación es otra cosa. La innovación altera el curso de un sector o, incluso, de la sociedad (el fax, la bombilla, el microondas,...).

Sea cuál sea su definición, todos parecen estar de acuerdo en que la innovación está en la base del éxito de los negocios.

Hasta aquí, perfecto..., pero ¿todas las compañías pueden innovar? ¿innovan igual grandes y pequeños? ¿Qué opinas?

Yo creo que sí. Que tanto grandes como pequeños tienen la capacidad para innovar. Seguro que el tipo de innovación será distinto (los presupuestos marcan la diferencia). Pero unos y otros pueden innovar.

No te obsesiones con grandes revoluciones. Busca objetivos más alcanzables. Los resultados irán llegando y, poco a poco, podrás plantearte metas más ambiciosas.

Puedes empezar a innovar siguiendo los siguientes pasos:

Ponte en modo innovación

¿Qué es esto? Básicamente, que tengas en la cabeza de forma permanente que todo se puede cambiar y mejorar. Es una forma de actitud que no admite el conformismo. Si estás en este modo, las oportunidades de mejora irán apareciendo solas.

Fíjate un objetivo de una mejora al día

Las cosas funcionan con objetivos. Si no quieres fijarlos, fantástico, pero es muy probable que no consigas nada. Además, tienen que estar por escrito (yes, my friend). Lo que está por escrito obliga. Una mejora al día no intimida. Puedes conseguirlo sin un gran esfuerzo y los resultados serán espectaculares.

Elige el área de mejora

Aquí, lo que funciona es elegir un área distinta cada día. Hazte una pequeña planificación y céntrate en cosas diferentes todos los días.

Decide qué cosa concreta quieres mejorar

No te vuelvas loco. No tienes que inventar. Tienes que cambiar y mejorar. Por ejemplo: las devoluciones de llamadas. Es una buena oportunidad para que fijes un plazo máximo para devolverlas (un día, dos días,...). Otro ejemplo podría ser algo tan simple como reducir la extensión de los emails para comunicar mejor y ser más productivo. Y, así,...

Ahora, realiza un pequeño cálculo. ¿Cuántas mejoras al año suman una mejora diaria? Eccolo qua... sencillo, ¿no? 365 pequeñas mejoras al año. ¿Sabes qué suponen 365 mejoras al año? Un montón de mejora total. Créeme, este sencillo método puede mandar tus resultados a la luna.

Recuerda, no es necesario pensar en grandes ideas para innovar. Se puede innovar con cosas pequeñas que te aportarán grandes resultados.

El Principio De Imprescindibilidad

Cerca de aquí hay dos negocios. Uno de ellos funciona perfectamente. La coyuntura económica no le afecta en absoluto. Está en un momento de expansión. Al lado del edificio principal, están construyendo una nueva planta. Todo crece. ¿El negocio? Una clínica de reproducción asistida.

A unos cuantos metros de la clínica, hay otro negocio. Éste no funciona tan bien. Ha cerrado hace poco. Malos tiempos. Pocos clientes y demasiados gastos. Al final, cerrado. Es un restaurante.

La diferencia

Hay negocios que funcionan y otros que no. Es así. Incluso en los momentos malos, hay negocios que siguen creciendo.

¿Cuál es la diferencia entre estos negocios? ¿Qué hace que unos no tengan problemas mientras que otros fallan?

La diferencia siempre está en el nivel de" Imprescindibilidad" de cada uno de ellos. Los negocios imprescindibles funcionan siempre. Los otros funcionan a veces.

Nivel de deseo

La clínica de reproducción asistida tiene un nivel muy alto de Imprescindibilidad. Todo está relacionado con el deseo.

El deseo de ser padres es muy fuerte. Seguramente, está por delante de otros muchos deseos. Cuando deseas algo con todas tus fuerzas, el momento económico tiene menos importancia. Deseas algo de verdad y lo sitúas en el primer lugar de tus prioridades. Luego vienen las demás.

Ésa es una de las razones por las que la clínica es un gran negocio. Porque puntúa muy alto en el ranking de deseos de su mercado.

El restaurante es distinto. A la gente le gusta divertirse, salir a comer, cenar,... A la gente le gusta este tipo de ocio. También es un deseo. Pero es un deseo de menor nivel. Cuando las cosas se tambalean, este tipo de deseos se cae. No soportan bien las turbulencias. Simplemente, se aparcan.

¿Cuántos somos?

No sé cuál es la relación del número de restaurantes sobre su mercado potencial, pero seguramente es muy superior a la de clínicas de reproducción asistida sobre el suyo.

¿Por qué? Supongo que por muchos motivos. Montar una clínica tiene mayores costes, más barreras de entrada, un conocimiento muy especializado,... Al final, es más fácil montar un restaurante. Tiene sentido. Más fácil, más competencia.

El número no ayuda. Afecta a la Imprescindibilidad. Siempre hay que contar con los demás. ¿Cuántos somos? ¿Cuántos ofrecemos un producto o servicio similar? ¿Pocos? Bien ¿Muchos?...

Tu competencia no altera el nivel de deseo, pero te pone las cosas más difíciles. No es ciencia infusa. Es una obviedad. Más competencia, más dificultades.

Ser o no ser específico

Los especialistas venden más. Éste es un mundo de especialistas. Cuanto mejor seas en algo en concreto, más te buscan. Eres más imprescindible.

La clínica es específica. Reproducción asistida. Sólo reproducción asistida. Lo hacen realmente bien. Tienen un histórico de éxitos. Son una referencia. Cuando alguna pareja tiene dificultades, piensa en ellos. Quizá en alguna más, seguro, pero también en ellos.

¿Pueden ser específicos los restaurantes? Claro. Hay un montón de ejemplos. Restaurantes especializados en algún tipo de comida en concreto, en algún tipo de público en concreto, en algún... Las posibilidades son muchas. Cuando no las aprovechas, eres menos específico y disminuyes tu nivel de imprescindibilidad.

El Principio de Imprescindibilidad se construye así. Tiene tres factores: nivel de deseo, competencia y especialización. Los puedes combinar de distintas maneras. Puedes puntuar mejor en unos factores que en otros. Pero tienes que asegurar un resultado final alto.

La conclusión es sencilla. Los negocios con un nivel alto de Imprescindibilidad funcionan siempre. El resto...

Productos Para Todos Los Momentos

¿Cómo ves tu negocio...como la oportunidad de vender algo a alguien? ¿O como la posibilidad de desarrollar una relación con tus clientes?

Si lo ves de la primera forma, tendrás problemas. Venderás o no venderás cuando se presente la oportunidad. Habrá poca continuidad.

Pero el segundo enfoque es diferente. El segundo enfoque es un enfoque de relación con tus clientes. Las relaciones se establecen porque hay un interés común. Se desarrollan alrededor de ese interés. Crecen y plantean nuevas necesidades. Tú las has estudiado y tienes los productos y servicios para cubrir las necesidades cuando éstas van surgiendo. ¿Lo ves?

Producto adecuado para el momento exacto

Tú tienes el tipo de producto adecuado para servir a tus clientes en cada momento de esa relación. Productos concretos para momentos concretos.

Si lo haces bien, ésta es la mejor fórmula para multiplicar tus ingresos. Si lo haces bien, te aseguras...

1.- Alargar la vida de tus clientes. Tu cartera de productos es la fórmula mágica para retener clientes. No tienen porqué marcharse. Cuando tienen una necesidad relacionada con vuestro interés común, piensan en ti. Tú tienes el producto o servicio. Tú tienes la solución que están buscando. Así un año, otro, otro,...

Las mejores relaciones son las que duran más tiempo. Piensa en tus clientes. ¿Qué clientes son más rentables? ¿Con qué clientes trabajas mejor? ¿Qué clientes te aportan más ingresos? Sí, claro...los clientes de siempre, los más antiguos.

2.- No depender de un producto estrella. Puedes intentarlo, pero las probabilidades de éxito no son demasiadas. Son pocos los que se han hechos ricos vendiendo una y otra vez su producto estrella. Por lo general, todo tiene límites. Los productos también.

En algún momento, aparecerá un producto nuevo, distinto o mejor. O, simplemente, te quedaras sin clientes a los que vender tu producto estrella.

3.- Sistematizar el proceso. Lo haces una vez. Lo haces más veces. Lo haces muchas. Conoces perfectamente a tu cliente. Sabes cómo se comporta. Has aprendido con él cuáles son sus necesidades. Qué productos va comprando según avanza vuestra relación.

Cuando lo has hecho muchas veces y has descubierto el patrón, sólo tienes que repetirlo. Has definido el sistema que hace funcionar tu negocio y que te ayuda a generar más ingresos. ¡Aprovéchalo!

4.- Tener información. Una de las maravillas de los sistemas es que arrojan siempre los mismos resultados. Cuando tu sistema está en funcionamiento, sabes lo que va a pasar con tu cliente desde el momento en que empiezas la relación con él.

Sabes qué porcentaje de clientes comprarán un producto. Cuántos comprarán el siguiente. El número de clientes que terminarán abandonándote. Tienes tanta información que sabrás qué rendimiento puedes esperar.

5.- Vender productos premium. ¿Qué es esto? Productos de un gran valor para el cliente por los que están dispuestos a pagar cantidades importantes. Son productos más completos, más complejos y más valorados.

Siempre hay un porcentaje de clientes satisfechos que buscarán un producto de estas características. Si no se lo ofreces tú, es probable que lo busquen en otro sitio. Completa tu oferta con este tipo de productos. Gánate la confianza de tus clientes y vende con mucho más margen. Ésa es la diferencia entre los grandes negocios y los que no lo son.

¿Entiendes ya la importancia de entender tu negocio como una relación con tus clientes? ¿Entiendes ya la importancia de una cartera de productos que cubra sus necesidades y sus posibilidades: sencillo y barato al principio y más valor y más precio según avanzas en tu relación?

Si lo entiendes, empieza a hacerlo. ¿Cómo? Conoce a tu cliente. Entiende a tu mercado. Desarrolla el procedimiento que debes seguir para llevar a tu cliente de la mano.

Un ejemplo: el mercado de los productos de información. Aunque todos los mercados son diferentes, los modelos son parecidos. Estudia el que te dejo a continuación y adáptalo a tu mercado.

Define los pasos en la relación con tus clientes.

Cada paso tiene sus reglas. En cada paso puedes desarrollar determinadas estrategias.

Primer paso: el primer contacto. Os conocéis.

Segundo paso: la prueba. Compran tus productos por primera vez.

Tercer paso: sacan conclusiones. Les gustas. Siguen comprando.

Cuarto paso: tienen confianza. Eliminan los frenos y compran sin restricción.

Tu objetivo es conseguir dar todos estos pasos. Llevar de la mano a tu cliente. Llegar al cuarto paso. Ahí el negocio es importante.

Entiende la predisposición de tu cliente en cada uno de los pasos.

Hablar de la predisposición de tu cliente es lo mismo que hablar de cuánto estaría dispuesto a pagar por tus productos en función de la relación que tiene contigo.

Las cifras varían, pero, en el mercado de los productos de información, los tramos pueden ser los siguientes:

Primer paso: ésta es la fase de inicio de la relación. Su interés es limitado. Aquí el más interesado eres tú. Tú quieres iniciar la relación. En esta fase, tu cliente no está por la labor de pagar nada. Tú le tienes que invitar a que te conozca. Gratis Total.

Segundo paso: lo que compartes le interesa. Quiere conocerte un poco más y decide comprar su primer producto. Todavía os encontráis en los primeros momentos de vuestra relación. Tiene interés, pero es precavido. Aquí el rango de precios puede oscilar entre 1 y 100 euros.

Tercer paso: le gustas. Le gustan tus productos gratis y de pago. Eres bueno. En ese momento, pasas a formar parte de sus fuentes. Piensa en ti a menudo. Sigue comprando tus productos. El precio en esta fase se mueve entre los 100 y los 1.000 euros.

Cuarto paso: lo has conseguido. Has entregado valor de forma continuada. Te has ganado su confianza. El precio no es un problema. Si tu cliente tiene los medios comprará. Comprará siempre que tengas productos premium que ofrecerle. Aquí el tramo empieza a partir de 1.000 euros. ¿El límite? Es difícil saberlo. Hay clientes que pagan 100.000 euros por pertenecer al club platinum de algunos Gurús.

Crea los productos o servicios adecuados.

Cada paso es ideal para un determinado tipo de productos. En el mercado de los productos de información, se distribuyen así:

Primer paso (contacto): newsletters, artículos, e-books, entrevistas, webinars, teleseminarios,... Estos productos suelen tener un enfoque general. Coste cero

Segundo paso (la prueba): DVDs, CDs, e-books, programas de continuidad básicos, minicursos online, teleseminarios,... Productos más específicos. Atacan problemas concretos. 1-100 euros.

Tercer paso: software, colección de vídeos, colección de audios, cursos, programas de continuidad, grupos de productos, consultoría telefónica... Completa la oferta del segundo paso con contenido más específico y/o extenso. 100-1.000 euros.

Cuarto paso: consultoría presencial, cursos de nivel superior, conferencias, seminarios, grupos mastermind, club platinum... Son productos premium. Por lo general, son presenciales y consumen tu tiempo. Repletos de mucho contenido de gran nivel. A partir de 1.000 euros.

En la mayoría de las ocasiones, las soluciones son sencillas. No hay que inventar grandes cosas para vender más y aumentar tus ingresos.

¿Qué tienes que hacer? Conocer a tus clientes. ¿Qué quieren? Dáselo. Gánate su confianza y dales más. Los grandes negocios hacen eso.

Guía Para Descubrir Negocios

Si eres emprendedor, la única cosa por la que te tienes que preocupar es por tu modelo de negocio. Hay muchas cosas importantes, pero ninguna tiene la influencia de tu modelo.

Puedes definir el modelo de negocio como el conjunto de tres elementos. Un mercado con una necesidad. Un producto que cubra esa necesidad. La capacidad de hacer llegar ese producto al mercado.

Los tres elementos son los mismos en todos los modelos de negocio, pero no todos los modelos de negocio son iguales.

Algunos modelos funcionan mejor que otros. Por lo general, los que funcionan mejor tienen características comunes.

Sólo hay modelo de negocio cuando entregas valor

Lo primero que tienes que contestarte es qué es el valor. Para tu cliente, son valiosos todos los productos o servicios que le mejoran la vida. Si tu cliente piensa que tu producto es capaz de hacerlo, tu producto entrega valor.

El mecanismo siempre funciona de la misma manera. Alguien necesita algo y tú se lo puedes ofrecer. Si el valor que recibe tu cliente supera el precio que paga, hay modelo. En otro caso, no.

Los mejores modelos de negocio entregan mucho valor. Cuando lo hacen, consiguen dos efectos. Pueden fijar precios más altos y pueden retener a un mayor número de clientes.

La flexibilidad es importante

Las cosas no suelen terminar como empiezan. A lo largo del camino pasan cosas. Las situaciones cambian y los planes deben cambiar. No tiene porqué ser malo. Sólo hay que estar preparado.

Hay modelos rígidos y modelos flexibles. Los modelos rígidos tienen más riesgo. Cuando no funcionan según lo previsto, te dejan en una vía muerta. No tienes muchas posibilidades de cambio.

Los modelos flexibles son diferentes. Son modelos de puertas abiertas. Si no funcionan, siempre puedes aprovechar alguna de sus puertas para intentar algo diferente.

Por lo general, los medios que se basan en cosas materiales son más rígidos que los que se basan en personas. Las cosas tienen menos capacidad de adaptación. Las personas pueden cambiar.

Todo debe ser escalable

La escala de tu negocio es un tema de dimensión. Al principio, menos. Después, más. Ésa es la secuencia lógica cuando las cosas van bien.

Hay modelos que tienen límites. Que no pueden crecer tanto como les gustaría. Quizá el mercado es demasiado pequeño, no hay suficientes proveedores,... Puede haber muchos motivos.

Es importante que planifiques con antelación. Que seas capaz de ver cuál puede ser la evolución de tu negocio. Confirma que existen los elementos necesarios para poder crecer. Si no existen, cambia de modelo.

Busca modelos que se puedan sistematizar

Hay modelos complejos. Las variables que les afectan no se repiten. Todo es nuevo siempre. Es difícil aprender del pasado y sistematizar el futuro. Este tipo de negocio es menos atractivo.

Concéntrate en los negocios sencillos que tienen operaciones sencillas. Operaciones que se repiten. Operaciones que se pueden sistematizar.

Estos negocios requieren un gran esfuerzo inicial. Cuando lo has hecho, todo es más fácil. Aplicas la fórmula y el negocio funciona. Necesitan menos atención, menos seguimiento.

Los sistemas te permiten delegar, separarte del día a día, poner tu atención en otro negocio y seguir creciendo.

Hay muchos modelos de negocios. Los modelos ganadores comparten estas características. Luego hay otros, pero son menos atractivos.

El Caso de Hotmail

Hotmail fue uno de los primeros servicios de correo electrónico gratuito, Sabeer Bathia y Jack Smith empezaron a trabajar en él en 1995.

Los principios no fueron fáciles. Muchas ganas. Poco dinero y crecimiento lento. Finalmente, dieron con la llave que cambió el proyecto.

Después de más de 20 rechazos, la firma de capital riesgo "Draper Fisher Jurvetson" aportó dos elementos importantes al proyecto: 300.000 $ de financiación y un gran consejo.

¿La idea? Sencilla. Coloca un link al final de cada correo que envíen tus usuarios. Un link que diga: "Consigue tu cuenta gratis de correo en Hotmail.com". Nada sofisticado. Nada demasiado elaborado.

El servicio se lanzó oficialmente el 4 de julio (Independence Day) de 1996. Desde el minuto uno, el link empezó a trabajar. La viralidad del enlace fue increíble. En poco más de seis meses, habían superado el millón de usuarios. Poco tiempo después los dos millones. Luego…

Año y medio después del lanzamiento del nuevo servicio, ya habían conseguido más de 10 millones de usuarios y despertado el interés de muchos.

Microsoft compró Hotmail por 400 millones de dólares. A partir de ahí, es historia.

No hay un momento promocional…

La historia tiene muchas moralejas. Una de las más importantes es que no hay un momento promocional. No hay momentos específicos en los que puedes promocionar tu producto y otros en los que no puedes hacerlo.

La gran moraleja de la historia es que todos los momentos son buenos. Todos los momentos te ofrecen la oportunidad de comunicar. De hablar con tu mercado. De pedirles que consuman tu producto. De pedirles que se lo cuenten a otros.

La oportunidad está en todas partes. No son iguales, pero son oportunidades. No hay que tratarlas de la misma manera, pero hay que tratarlas.

La moraleja es que no tienes que pensar que hay momentos para una cosa y momentos para otra. Los momentos pueden ser para muchas cosas distintas si sabes cómo hacerlo. Si sabes adaptarte a su naturaleza.

¿Quién mejor que tus contactos?

Sí, ¿quién mejor que los que ya tienen trato contigo, los que ya te conocen?

La gente con la que te relacionas es tu gran activo. Tú estás conectado con ellos y ellos están conectados con el mundo. Ellos pueden llegar muy lejos. Pueden llevar tu mensaje al mundo.

Aprovecha tus relaciones, tus clientes, tus usuarios, tus... Estudia cómo contactas con ellos. Cómo te comunicas. Analiza qué medios utilizas. Qué documentos. Qué herramientas. Entiende cómo funciona todo el proceso. Cuando lo tengas claro, actúa. Trabaja tu mensaje e inclúyelo.

Inclúyelo en todos los sitios. Con el formato que corresponda. Más fuerte, más débil. Más agresivo, más suave. Más... Adáptalo al momento y aprovéchalo.

Un link al final de un correo marca la diferencia. Este link convierte al correo, cualquier correo, en una herramienta de promoción masiva. Una herramienta con resultados increíbles. Una herramienta de 400 millones de dólares.

El Efecto Televisión

Las productoras de televisión lo saben. Cuando arrancan una serie, tienen que organizar muchas cosas. Tienen que coordinar muchas cosas.

Al principio, todo es mucho más difícil. La serie es nueva. El equipo también. Hay que empezar desde cero y producir un programa nuevo. No es fácil arrancar la maquinaria. Hay que empezar a moverla poco a poco. Así hasta llegar a la velocidad de crucero.

Los resultados no son los mejores. El inicio siempre es más duro. No es alarmante. Tiene que ser así. Cuando empiezas algo, hay que rodarlo hasta que consigues lo que quieres.

Una solución inteligente

¿Qué hacen las productoras? Algo inteligente. Graban primero capítulos que saldrán más tarde. El capítulo tres o el cuatro o algo así.

¿Por qué? Porque el primer capítulo es demasiado importante. El primer capítulo es el que te ayuda a arrancar. El que marca la tendencia de la serie. No se la pueden jugar. El primer capítulo tiene que ser perfecto.

Las productoras lo saben y no arriesgan. Primero graban otros capítulos. Cuando llevan suficiente rodaje, cuando todas las piezas encajan, entonces... graban el primero. Yo le llamo "Efecto Televisión".

Primero hay que arrancar

La idea es interesante. No se para nada. No se retrasa nada. Arrancas cuanto antes, pero lo haces con sentido.

Aquí no funciona la parálisis por análisis. Sólo funciona lo que se lanza. Hasta ese momento, no pasa nada. Bueno... no pasa nada interesante. Después, a correr, a hacer las cosas bien y a rodarse.

¡Cuidado con las cosas importantes!

El rodaje es fundamental para las productoras de televisión y para tu negocio. No necesitas un producto perfecto para arrancar, pero necesitas saber que no es perfecto.

El razonamiento es sencillo, pero tiene muchas implicaciones. Sabes que no es perfecto. Sabes que no estás rodado. ¡Adelante! Empieza a rodar. Hazlo como las productoras. Primero trabaja temas que puedas manejar. Clientes que puedas gestionar. Tareas donde no te lo juegas todo.

Cuando te sientas seguro, ya puedes atreverte con los más grandes. Cuando hayas acumulado suficiente experiencia, es el momento de enfrentarte a temas, clientes, tareas,... de mayor nivel. Ahora, estás preparado. Éste es tu primer capítulo. El más importante.

Cubrir el Mínimo es Una Buena Idea

Estás en un hotel. Es perfecto. Está en un sitio céntrico. El personal de recepción es agradable. La habitación tiene el tamaño adecuado. Grandes ventanas con luz. Las camas son suficientemente duras. El escritorio... Todo cuadra. Todo encaja.

Por la mañana, bajas a desayunar. Todo está perfectamente colocado. Hay una gran variedad. Es atractivo.

Puedes elegir. Algo de fruta, fantástico. Bollería, apetecible. Quesos, todos increíbles. Zumos,... ehmmm. Zumos... ehmmm. Los zumos no están al nivel. No, no están al nivel.

Todo es perfecto. Todo es fantástico, pero hay algo que no funciona. Algo que está por debajo del mínimo. Te molesta. Al fin y al cabo, tú bebes zumo por la mañana.

El Mínimo

Hay un mínimo para casi todo. Un número. Un nivel. Un... No tiene mucha importancia cómo lo fijes. Es el mínimo. Está ahí y tienes que respetarlo. Cuando no lo haces, entras en una zona peligrosa.

Todos los elementos tienen ese mínimo. El zumo de naranja también. Cuando rompes el mínimo, atraviesas la línea roja. A partir de ahí, cambia la experiencia. Es más difícil controlarlo todo.

La Compensación

Por lo general, las cosas son más complejas de lo que parecen. Tienen más de un elemento. Se relacionan entre sí. Se apoyan entre sí. No puedes aislarlos. Al final, la experiencia es el resultado de todos. De la contribución de todos los elementos.

Los elementos suman. Todos los elementos aportan algo. No tienes que ser excelente en todos. Nadie lo es. Tienes que cubrir unos mínimos. Ésa es la condición necesaria. Si cubres los mínimos, está bien. Si no lo haces, no hay compensación. Así funciona la fórmula.

El Resultado

El resultado es lo que tú quieras que sea. Depende de dos factores. Lo bueno que sea tu producto y el respeto de los mínimos.

Con la calidad de tu producto, gustas a tus clientes. Les convences. Les invitas a repetir. Ésa es la secuencia.

Respetando los mínimos te aseguras de que tus clientes recuerden tu producto y no recuerden el zumo de naranja. Ése es el objetivo.

Prometer y Entregar

Para alguien que coge muchos aviones, el check-in electrónico es un gran invento.

El sistema es sencillo. Entras en la página Web de la compañía aérea de turno, introduces el código de referencia de tu billete, rellenas un par de datos, haces un par de clicks y "et voilá" ya está.

Tu tarjeta de embarque electrónica aparece la mar de elegante en tu pantalla. Ahora, sólo tienes que imprimirla y un mundo sin colas aparece delante de ti.

La realidad puede ser diferente

La idea es potente. Suena bien. La realidad es algo diferente. Depende de la compañía aérea o de los aeropuertos o quizá depende de las dos cosas. No lo sé. Lo cierto es que, al final, te plantas en el aeropuerto y las cosas no son como las esperas.

Ahí está el mostrador de los pasajeros con tarjeta de embarque. Es como una especie de broma. Sacas tu tarjeta de embarque en Internet precisamente para no tener que pasar por el mostrador de embarque.

Casi lo consigues, pero no es así. Técnicamente, no pasas por el mostrador de embarque. Pasas por el mostrador de embarque para pasajeros con tarjeta de embarque.

El tema es algo retorcido, pero la conclusión es la misma. ¿Para qué me ha servido pelearme con la horrorosa página de la aerolínea, completar los datos que me pedían e imprimir mi papelito con la tarjeta de embarque si al final tengo que hacer cola como todos?

Primera regla: entrega lo que prometes

Ésa es la primera regla. De hecho, es la gran regla. Tienes un producto que dice que hace no sé qué. Pues hazlo. Sólo tienes que hacerlo. No te van a pedir nada más, pero tampoco te van a pedir nada menos. Hazlo.

Si no lo haces, me estás engañando. No me engaña el producto. Me engañas tú. La compañía. La responsable del producto.

Ésta es la mejor forma para generar desconfianza. Hazlo una vez y lo has conseguido. No necesitas nada más.

Las medias tintas no funcionan

Siempre hay algún tipo de argumentación. Las colas son mucho menores. El tiempo de espera es insignificante si lo comparas con... Es casi directo...

No vale. Las medias tintas no funcionan. Si dices que con tu tarjeta de embarque electrónica accedes directamente a la puerta de embarque, significa eso. Directamente. Sin mostradores. Sin nada.

Tu producto o servicio es importante. Es la base de la relación con tus clientes. Si no entregas lo que prometes, es probable que tengas problemas. Pero lo que tendrás con toda seguridad son menos clientes.

Incongruencias

Muchos creen que para que un negocio funcione debes tener un gran producto. O una gran estrategia para desbancar a tu competencia. O un gran marketing que popularice tu compañía. O...

Puede ser. Seguro que todos esos elementos son importantes. Si no los desarrollas de la forma adecuada, disminuyes tus probabilidades de éxito. Es probable que sea así.

Yo creo que para que un negocio funcione tienes que ser congruente. ¿Nada más? No, seguro que no. Hay muchas más cosas, pero te servirán de poco si no eliminas las incongruencias de tu compañía.

Izquierda

¿Hasta qué punto hablas de la importancia del servicio de atención a tus clientes? ¿En cuántos memos aparece? ¿Cuántas reuniones has dedicado a sentar las bases de la excelencia en el servicio?

Seguro que muchas. Es un tema caliente. Todos hablamos de la calidad del servicio, de la importancia de los clientes, de...

Las organizaciones tienen que ser "customer centric". Es lo que se lleva. Si no eres "customer centric" tienes un problema. Es un problema porque el cliente tiene que estar en el centro de todo. Es la lógica de los negocios.

Derecha

Eso está bien, pero hay que hacerse más preguntas.

¿Cómo son las personas de tu organización que están en contacto con tus clientes? ¿Están bien pagadas? ¿Entienden su importancia en la organización? ¿La entiendes tú?

¿Cuánto inviertes en formación para mejorar el nivel de tus empleados? ¿Cuánto esfuerzo dedicas para capacitar a tus profesionales con el fin de mejorar la experiencia de tus clientes?

¿Hay una demostración explícita de la importancia que tienen tus clientes? ¿Existe algún tipo de refuerzo? ¿Económico? ¿Emocional?

¿Cuándo fue la última vez que un directivo escuchó a un cliente? ¿Cuántas veces paseas por tus tiendas y hablas con la gente?

¿Has desarrollado un sistema de información que te diga cómo funciona tu servicio de atención al cliente? ¿Tienes un cuadro de mandos que dispare alarmas cuando hay peligro?

¿Has definido una estrategia de verdad, una estrategia meditada detrás de todo lo que haces en relación con la atención a tus clientes?

Incongruencias

Hay muchos tipos de incongruencias. Ésta es una, pero hay más. Todas tienen algo en común. Van a la derecha cuando quieren ir a la izquierda. Así es difícil. Tardas más. Es más complejo y tienes peores resultados.

Las Mujeres Barbudas Venden Más

Lo suelen hacer los circos. Llegan a la ciudad y lo llenan todo de carteles de colores. Un gran letrero con el nombre del circo. Siempre hay una carpa roja y blanca. Es como un símbolo. Debajo, al lado o donde se vea bien, su gran atracción.

Todos los circos lo hacen igual. El patrón es el mismo. Nombre más atracción. El circo Tal te presenta la "Mujer Barbuda". El circo Cuál te trae la "Ruleta de la Muerte". El circo...

La atracción es el motor

Nada se mueve sin la atracción. Primero la atracción, luego lo demás. El circo lo hace así. Te vende una gran atracción. Una gran atracción que es distinta a la de la competencia. Que es única. Luego, lo llena todo de payasos, de elefantes y de trapecistas. Pero van detrás de la atracción.

La gran atracción es el motor de todo. No importa su naturaleza. No importa su calidad. Bueno, sí. Pero no es lo más importante. Lo más importante es que sea única. Que no haya otra igual.

¿Cómo funciona el mecanismo?

Creo que fue el Circo Americano. No estoy seguro. Hace muchos años, anunciaba como gran atracción al caballo "Furia".

Por aquél entonces, Furia era un caballo que salía en una serie de Televisión. El Circo Americano lo había convertido en su atracción principal. Había pintado los carteles con el caballo negro y llenado las farolas de la ciudad con su imagen.

El mecanismo había empezado a funcionar. Todos los chavales queríamos ver al caballo de la tele. A Furia. Es lógico. La atracción era muy atractiva y era nuestra única oportunidad.

A mí siempre me pareció un caballo muy bajito. Más bajito que el que salía en la televisión.

Quizá, no era el auténtico Furia. Quizá, sólo era un caballo parecido. Es posible que el circo pagase los derechos y ya está. ¿Qué más da? Éramos miles de niños. Todos quedamos encantados. Era nuestra oportunidad de ver a Furia y la aprovechamos.

¿Cuál es tu gran atracción?

Muchas compañías no tienen una gran atracción. No tienen algo que funcione como reclamo. Sí, tienen muchas cosas. Están bien. Pero no pueden ofrecer algo único. Algo que sólo tengan ellos.

La gran atracción es tu propuesta de venta. Es lo que te hace distinto. En algunos sitios le llaman USP (Unique Selling Proposition). Es algo así como Oferta de Venta Única. Si quieres que tu negocio funcione, debes tener una. Si no tienes USP, no tienes negocio. Por lo menos, no tienes un gran negocio.

Los circos lo saben y trabajan su USP. Pintan sus carteles con ellas. Puede ser una mujer barbuda, un caballo de la televisión o cualquier otra cosa. Todo puede funcionar siempre que sea único.

Tu Imagen Cuenta... Mucho

Las cosas no pasan por casualidad. Quizá, la casualidad tiene algún papel, pero las cosas pasan porque tienen que pasar. No puede ser de otra manera.

Vas por la calle y ves un cartel "imposible" anunciando algo. Da lo mismo lo que sea. Una zapatería, un supermercado, un... ¿Qué más da?

Mucho más que un cartel

Un cartel así te sorprende. Te sorprende porque el nombre no encaja. Porque el dibujo no encaja. Porque los colores no encajan. Te sorprende porque nada encaja. Te sorprende porque no suena a profesional.

Las calles están llenas de este tipo de carteles. Los hay por todas partes. Con todos los nombres imaginables. Con todos los colores imaginables.

El problema no son los carteles. No son los logotipos imposibles. El problema son los negocios que hay detrás de cada uno de esos carteles.

La regla

La regla no suele fallar. Un logotipo poco profesional esconde un negocio poco profesional. ¿Por qué? Porque sí. Porque un negocio es un todo. Cuando alguna de sus piezas falla el negocio no funciona correctamente. Cuando algún elemento fundamental no está a la altura, el negocio fracasa.

Tu imagen es un elemento fundamental. Si no lo sabes, tienes que saberlo. Si no lo recuerdas, tienes que recordarlo.

Tu imagen marca el primer contacto con tu mercado. Forma la impresión de tu negocio en la mente de tus clientes. Si la impresión no es buena, tu negocio no funciona. No es muy complicado, pero cuando lo olvidas acaba con tu negocio.

La regla inversa

Afortunadamente, a la inversa también funciona. Las buenas impresiones dejan poso. Las buenas impresiones ayudan a que tu proyecto coja inercia y avance.

Es así. Ves un buen nombre, un buen logotipo, un... y la maquinaria se pone en marcha. La percepción es positiva y lo contagia todo. Tiene que ser así. Las cosas bien hechas despiertan este tipo de reflexiones.

Al fin y al cabo, si te has esforzado en buscar un gran nombre y crear un gran logotipo, ¿por qué debería ser distinto el resto? ¿Por qué no vas a tener un gran producto? Seguro que lo tienes. Tan bueno como el logotipo. Por lo menos, en la misma línea.

Las cosas no pasan por casualidad. Las cosas pasan porque tienen que pasar y si quieres que pasen según tus planes tienes que preocuparte por todo al mismo nivel. También por tu imagen.

Tu Marca Es Un Juego Del 100%

Es domingo, has terminado de dar un paseo con tu familia y ya es hora de comer. Un establecimiento de comida rápida es una buena alternativa.

El local es impecable. La decoración invita a consumir y pasar un rato agradable. La distribución facilita todos los movimientos en el interior. El diseño de la cola es perfecto y no molesta en absoluto.

Además, los empleados son agradables y rápidos. Esperas lo justo en la cola y ya puedes disfrutar de la hamburguesa de turno con patatas fritas.

Tienes suerte y el día es magnífico. Decides comer en la terraza. Ahí te pega el solecito y tus hijos pequeños pueden jugar en un parque que tiene una pinta estupenda.

Todo es aparentemente perfecto, pero, poco a poco, la gente va terminando. Algunos se levantan y tiran los restos de su comida en los cubos de basura mientras que otros simplemente se levantan y se van, dejando la mesa llena de suciedad.

Las mesas de la terraza se van llenando de restos de hamburguesa, Coca-Cola derramada y lechuga con queso cheddar por todas partes.

Pasan unos minutos y la fantástica terraza soleada se ha convertido en un campo de batalla donde resulta incómodo comer. La visión de los restos de comida y las bebidas derramadas resulta muy desagradable.

¿Qué ha pasado?

El establecimiento no ha prestado suficiente atención a la limpieza de las mesas y un lugar fantástico se ha convertido, en un instante, en repulsivo. El encanto de poder comer al aire libre, disfrutando de tus hijos, ha desaparecido.

¿Por qué?

Porque se ha descuidado un aspecto de la imagen (marca) del negocio. Un único aspecto.

La moraleja de la historia es importante. Ten cuidado con tu imagen. Puedes haber trabajado perfectamente casi todos los elementos que te ayudan a construir la imagen de tu negocio, pero si te has dejado uno de los que forman parte de esa imagen, corres el riesgo de arruinar la experiencia de tus clientes.

La imagen no funciona con contrapesos. Es decir, si hago muy bien una cosa, me puedo permitir el lujo de no estar a la altura en otra.

La imagen no es una suma de elementos que tiene que darme un número por encima de 5. La excelencia en la realización de muchos elementos no te salvará de tener que llegar al mínimo aceptable en otros. En caso contrario, habrás arruinado todo el trabajo que has realizado.

Si quieres evitar que este tipo de situaciones se produzcan en tu negocio, sigue estos pasos:

1.- Identifica los elementos críticos. Describe qué elementos son fundamentales para dar la mejor experiencia a tus clientes. Desagrega todo lo que haces y mide el impacto en la percepción de tus consumidores.

2.- Intenta dar el máximo en todos ellos. En la medida en la que seas capaz de apretar las teclas que son valoradas por tus clientes, su experiencia mejorará, tu imagen (marca) aumentará y te asegurarás un caudal de clientes encantados.

3.- Alcanza mínimos aceptables. Si no eres capaz de llegar al máximo en algunos aspectos por falta de recursos, capacitación,..., oblígate a alcanzar unos mínimos que tus clientes puedan aceptar. No aceptes nada que no esté a ese nivel o arruinarás la excelencia que hayas podido conseguir en otras tareas.

La imagen de tu negocio es un juego del 100%. Todos los aspectos son importantes. No tienes que conseguir el máximo en todos (¡Ojalá!). Pero SÍ tienes que ir a por todas donde puedas y alcanzar un mínimo aceptable en el resto.

Recuerda que, si no alcanzas ese mínimo del que estamos hablando, tu imagen valdrá cero.

¿Quién Ha Pedido La Cuenta?

Una magnífica velada. Restaurante atractivo. Buena cocina. Amigos y charla animada. Y, de repente,... la cuenta. Nos miramos y alguien pregunta: ¿habéis pedido la cuenta? La respuesta es NO.

¿Te resulta familiar esta situación? ¿Te ha ocurrido alguna vez? Es muy probable que hayas tenido experiencias parecidas. ¿Por qué te traen la cuenta? No la has pedido. No la quieres todavía.

En ese momento, la buena impresión que tenías del restaurante se cae al suelo. Si me traes la cuenta, me estás invitando a marcharme. ¿Es un poco tarde? Quizá, pero tienes un grupo de varias personas que están disfrutando y que le contarán a todo el mundo lo fantástico que es tu restaurante y lo bien que les tratasteis. Después de la cuenta, las cosas cambian y pierdes el estatus de fantástico.

Evita que te ocurran estas cosas en tu negocio. Todo es importante. No arruines la experiencia de tus clientes con un pequeño detalle poco oportuno.

Los negocios tienen tres elementos básicos:

1.- El físico: ése eres tú o tu producto. Qué características tienes. Qué cosas eres capaz de hacer. Qué beneficio aportas a tus clientes.

2.- El carácter: tiene que ver con tu personalidad o la de tu producto o servicio. Cómo haces las cosas. Cómo te relacionas con tus clientes. Cómo les sirves.

3.- La experiencia: es una combinación de físico y carácter. Condiciona tu percepción. Si la experiencia es buena, tu percepción es buena. En caso contrario, tienes un problema.

No vale con tener un magnífico producto. No vale con tener un carácter o un servicio espectacular. Debes combinar estos dos elementos y ser excelente en los dos. Si lo consigues, crearás experiencias inolvidables y, lo que es mejor, recomendables para tus clientes. Si fallas, aunque sea en los pequeños detalles, arruinarás todo tu trabajo.

Por favor, la próxima vez, no me traigas la cuenta hasta que te la pida.

Tu Marca No Es Tu Marca

Trabajas con una agencia llena de talento. Entienden tu idea rápidamente y la transforman en un spot de televisión, una página de revista o cualquier otra cosa con sentido. Es bonito.

Cuando lo haces bien, transmites una gran idea. Es un anuncio fantástico. Lleno de valores. Elevas el nivel de tu marca. Se convierte en una marca cool.

La Marca

Ése es el compromiso. Asociar un montón de valores interesantes a tu marca. Así es como funcionan las marcas. Como el soporte de los valores que quieres apropiarte. Como el soporte de los valores que quieres transmitir.

Esta parte de la ecuación la conoces. Es más o menos intuitiva. Logotipos, colores, lemas, valores, anuncios,..., todo al servicio de la marca.

No es tan fácil

No, no es tan fácil. No es sólo una cuestión de nombres bonitos o logotipos vistosos o cualquier otro elemento parecido. Hay mucho más.

He visto tu gran anuncio. Me gusta. Me parece increíble. Inspirador. Un montón de buenas intenciones contadas magníficamente. Tu mensaje se coloca a otro nivel.

¿Luego? Bueno,... luego te encuentras la marca en una gran superficie cerca de los pijamas y a unos metros de la mantequilla. Te choca.

Todo va un poco más allá

Es así. No basta con una imagen bonita. Necesitas más cosas. La marca va un poco más allá de la marca. La marca llega a todas partes y todas son parte de la marca.

¿No puedes vender zapatillas en una gran superficie? Claro que sí. Claro que puedes vender zapatillas. Pero no sé si puedes vender todas las marcas de zapatillas.

Las marcas transmiten cosas. Son distintas. Hay marcas que pueden venderse en un lineal a pocos metros de los lácteos y hay otras que no.

No son marcas buenas o malas. Son marcas distintas. Cada una cubre algo diferente. Cada una tiene que estar en un sitio distinto. Cada una tiene su sentido.

Tu marca no es tu marca. Tu marca es mucho más. Tu marca es el conjunto de cosas que haces con ella. Tu marca es la coherencia de todas ellas: logos, productos, distribución,...

Atractivo gana a bueno cuando...

"¿Por qué tengo que gastar un euro en la imagen de mi compañía? Los recursos son escasos. En eso consiste la economía, en gestionar los recursos escasos. Hay otras opciones que me pueden aportar más".

La reflexión está ahí. Al final, sólo estamos hablando de imagen. De formas, colores, símbolos,... De todo lo que lo soporta. Al final, estamos hablando de algo que es difícil medir, tocar, dimensionar.

Entonces... ¿Por qué? ¿Por qué invertir?

Cuesta hacerse una idea. Es demasiado teórico. Imagen frente a producto suele perder. Imagen frente a organización suele perder. Imagen frente a operaciones suele perder... Imagen suele perder frente a casi todo.

Lo intentas visualizar, pero no funciona. Un producto funciona. La imagen no. El producto es tangible. Puedes imaginar que interesa. Tu mercado lo puede utilizar. Hay valor en él. La imagen es sólo algo agradable.

No invierto.

Bueno, es coherente, pero si no inviertes no pasas el corte. Ése es el peligro de la imagen. No pasar. Quedarte a puertas de... No seguir.

El mecanismo es sencillo. Funciona igual en todos los sitios. Si tu imagen no es buena, no hay segundo paso. Cuesta entenderlo. Tienes un gran producto. Sí, es probable, pero no hay segundo paso.

¿Por qué? Porque atractivo siempre gana a bueno cuando lo que no se ve no se conoce.

El Diseño te Diferencia

"El Diseño es un plan para juntar elementos de tal forma que consigan un objetivo específico" (Charles Earnes)

Has desarrollado un producto fantástico. Su funcionalidad es perfecta. Cubre las necesidades de tus clientes. El trabajo está terminado.

Así es como piensan muchas personas. ¿Está resuelto el problema? ¿Sí? Entonces el trabajo está hecho.

Pensar así es dejar de lado el 50% de las cosas. Nuestro mundo está lleno de parejas: noche y día, bien y mal, amigos y enemigos, dentro y fuera, blanco y negro,...

El universo es dual. Todo tiene dos lados. Dos fuerzas que se complementan y están presentes siempre. El Yin y el Yang.

Tu negocio no es diferente. Tus productos tampoco lo son. Cuando hablas de la funcionalidad de tus productos, estás hablando sólo de una de las fuerzas. Te falta el 50% restante.

Tus productos, tu negocio, tu relación con los clientes, tu comunicación, tu... tienen contenido y forma. El contenido es el mensaje, la funcionalidad,... La forma es el diseño, imagen,...

Forma y contenido no son dos elementos independientes. Se necesitan. Se complementan.

Piensa en Starbucks Coffee. ¿Es fantástico? Lo es. ¿Por qué? ¿Por la calidad de su café? Sí y no. Por supuesto que la calidad de su café es excepcional. Seguro que es una parte importante de su éxito. Pero su diseño es fantástico: logos, colores, ambientación,... El café es una funcionalidad importante. El café más el diseño es un resultado espectacular.

Si quieres que tu negocio y tus productos sean excepcionales, presta atención al diseño. Las compañías excelentes lo hacen. Tú también puedes hacerlo. El diseño...:

1.- Completa. Tus productos no están acabados hasta que no incorporas el diseño adecuado. No vale cualquier cosa. Un mal diseño no es inofensivo. Un mal diseño resta.

2.- Mejora. Piensa en tu producto como un todo e incorpora el diseño que mejora las funcionalidades (o la percepción de ellas). Las cosas no son lo que son. Las cosas son lo que parecen. El diseño es el responsable de la imagen. Es el responsable de lo que las cosas parecen.

3.- Diferencia. ¿Te suena Apple? Ha tenido momentos buenos y malos, pero siempre se le ha reconocido por su capacidad para innovar y por sus diseños revolucionarios. Apple no sería Apple si no se hubiese diferenciado a través del diseño.

Tu negocio no será el que puede ser si no trabajas el diseño. Forma y contenido. Funcionalidad y diseño. Los dos elementos forman parte de un todo. Los dos elementos son uno.

¿Pueden Vender Los Colores?

¿Cuál es el sentido más potente? ¿Qué sentido es el que produce más actividad cerebral e influye de forma más determinante en tu percepción de la realidad? La vista. Es bastante obvio. ¿No te parece?

Desde que naces estás procesando datos a través de tus ojos. Tu capacidad de visión te permite situarte espacialmente. Con la vista identificas y reconoces objetos y personas y con la vista aprendes a interpretar tu entorno. En definitiva, la vista te conecta con el mundo.

Además, a través de tu visión transformas la realidad en ideas y conceptos que vas alojando en tu cerebro.

Si tienes en cuenta que la visión se compone de dos elementos fundamentales (color y formas), ya puedes imaginarte lo importante que resultará la elección de los colores a la hora de decidir cómo quieres que sea tu imagen.

Como te acabo de decir, el peso del color en la percepción de las cosas es muy alto. Merece la pena que te lo pienses dos veces antes de decidir cuál va a ser el color protagonista, el color dominante en tu imagen, tus productos,... Dependiendo de tu elección, la interpretación de tus clientes puede ser una u otra.

No hay colores bueno y colores malos. Cada uno puede transmitir algo diferente. Tu obligación es saber qué te puede aportar cada uno de ellos y elegir el más adecuado para tus intereses. No te dejes llevar únicamente por la estética. Intenta combinar la idea que aporta un color con lo bien que queda cuando lo utilizas.

Si tienes dudas, aquí te dejo algunas referencias que te pueden ayudar en tu elección:

1.- Rojo. Es pasión. Está lleno de energía. Atrapa nuestra atención (¿por qué crees que es roja la muleta de un torero?). Es perfecto para marcas o productos que tengan un componente emocional muy alto. ¿Recuerdas el color de Ferrari?

2.- Azul. Es uno de los colores preferidos por la mayoría. Produce un efecto relajante (bajada de pulsaciones) que ayuda a transmitir la idea de autoridad, credibilidad y seriedad. Muy utilizado por productos o servicios que quieren asociarse al concepto de confianza: Balay, Ford, Danone...

3.- Amarillo. Es uno de los colores más cálidos. Una de sus principales funciones consiste en llamar la atención de la gente. De hecho, actúa como el "grito" de los colores. Muy poderoso cuando se combina con el color negro. Hay que usarlo con cuidado porque puede llegar a resultar algo empalagoso. Un buen ejemplo es Subway.

4.- Verde. El color de la naturaleza, el dinero y el crecimiento. Despierta sentimientos de tranquilidad parecidos a los que despierta el color azul. Ejemplos: Gigante Verde, Starbucks,...

5.- Violeta. Cuando piensas en el color Violeta, lo primero que te viene a la cabeza es la imagen de la elegancia, sofisticación, lujo,... En definitiva, es el color de la primera clase. Ejemplos: FEDEX, New York University, Yahoo,...

6.- Naranja. Es sinónimo de alegría, fiesta y diversión. Generalmente, se asocia a los jóvenes. Hay que tener cuidado con su utilización porque resta algo de seriedad a las marcas. Algunos ejemplos: Orange, Fanta,...

7.- Blanco. Es sinónimo de pureza (el color que utilizan las novias para casarse). También se asocia a limpieza (la típica bata del médico, farmacéutico,...). Despierta sentimientos positivos. Se utiliza en combinación con otros colores. La abundancia de blanco estiliza la imagen y aporta elegancia.

8.- Negro. El negro no es un color; es la ausencia de luz. Tradicionalmente, el negro se asocia a conceptos poco positivos (miedo, dudas, desconocimiento, underground...). Combinado con el blanco, el dorado o plata aporta un efecto de elegancia. Ejemplos: Prada, Mont Blanc, Independent, Etnies,...

Como ves, los distintos colores te ofrecen muchas posibilidades de comunicación. Define cuál será tu color dominante y aférrate a él.

Las primeras impresiones son las más importantes y ahí la imagen de tu marca o producto juega un papel fundamental. Elige los colores que mejor representan lo que quieres transmitir e impacta con ellos en la mente de tus clientes.

4 Pasos Para Dar con Un Nombre

Casi todos sabemos que el nombre de tu empresa es uno de los elementos más importantes de tu negocio. Está directamente vinculado a tu marca y debe convertirse en tu mejor tarjeta de presentación.

Si quieres que tu nombre sea relevante y que produzca el efecto que buscas en tus clientes, debes saber qué hay que tener en cuenta para que el resultado final sea el deseado. A continuación, puedes ver un sencillo proceso de 4 pasos que puede ayudarte a la hora de crear el nombre del negocio de tus sueños:

Define las Premisas

En primer lugar, debes tener muy presente todas las cosas que pueden influir cuando decidas crear tu nombre. Apunta en un papel lo que es realmente importante:

a.- Ten en cuenta las personas a las que te diriges y que forman tu mercado: quiénes son, cómo son, qué buscan, qué tipo de lenguaje utilizan, etc.

b.- Recuerda en todo momento qué es lo que haces y qué productos o servicios vendes a tus clientes.

c.- Piensa en tu estilo, en cómo haces las cosas y como te posicionas frente a la competencia (porqué eres diferente). Tu personalidad es un factor que debe estar presente en la relación con tus clientes.

Realiza un Brainstorming

Ponte manos a la obra y haz un brainstorming (tormenta de ideas) con un grupo de amigos. No te pongas ninguna restricción. Simplemente, lánzate y apunta tantos nombres como tu imaginación sea capaz de generar. Profundiza en lo menos aparente, explora cualquier vía que se sale de lo convencional. No tengas miedo, de las aportaciones más extrañas suelen salir los mejores resultados.

Evalúa los resultados

Ahora, es el momento de coger todos los nombres que habéis sido capaces de sugerir y pasarlos por una serie de filtros con el fin de ir quedándote con aquellos que encajan mejor en tus objetivos. Los filtros que debes considerar son:

1.- Respeto a las Premisas: asegúrate de que los nombres que estás considerando respetan las premisas que apuntaste en el primer paso.

2.- Facilidad de uso: mide lo fácil o difícil que resulta pronunciarlo y recordarlo. En el momento en el que vivimos, debes desechar todos los nombres que resulten complicados a la hora de buscarlos en Internet (¡Ojo con los dominios complicados!).

3.- Requisitos legales: confirma que no existe otra compañía que tiene en su poder ese nombre.

4.- Disponibilidad del dominio: hoy en día, simplemente, no te puedes permitir el lujo de no disponer del dominio de tu nombre. Si no está disponible el dominio, busca otro nombre.

5.- Impacto: sea cual sea el nombre que elijas debe ser memorable. Esto quiere decir que tu nombre debe ser capaz de causar impacto en el que lo escuche o lo vea (logo). Los nombres originales y diferentes suelen ser más impactantes.

6.- Imagen: debe ser capaz de transmitir la esencia de tu negocio, las características que lo hacen único y atractivo.

Ponlo a prueba

Es el momento de la verdad. Olvídate de todo el esfuerzo que has realizado para conseguir ese nombre maravilloso y reúne a un grupo de personas (preferentemente clientes o clientes potenciales) para que lo juzguen con espíritu crítico. No es el momento de buscar opiniones complacientes. Invítales a que sean serios en sus críticas (seguro que serás capaz de soportarlo).

Si después de esta prueba, todo el mundo entiende qué haces, cómo lo haces y a quién te diriges, habrás tenido éxito en tu trabajo. Si no es así, no pasa nada. Te aprietas lo machos y a empezar de nuevo hasta que des con el nombre adecuado. No te lamentes demasiado y recuerda lo que dicen los ingleses: *"No pain, no gain"* (sin dolor no hay éxito).

¿Quién Necesita Un Logo?

Si aceptas que todo y todos somos marcas (voluntarias o involuntarias) y que el logo es uno de sus elementos más potentes, es obvio que todas nuestras compañías y muchos de nosotros necesitaremos utilizar un logo para promocionar nuestra identidad.

Vamos por partes. Una marca es una idea en la mente de las personas. Por lo general, esta idea se construye sumando todos los elementos que utilizamos para relacionarnos con los demás. Elementos que pueden ser tangibles (oficinas, puntos de venta, uniformes, correspondencia,...) o intangibles (valores, palabras, entonaciones, servicio,...).

El logotipo funciona como una pastilla de caldo concentrado. Es decir, aglutina en un único elemento todas las esencias de la marca. Cuando ves el logo de una marca, estás viendo todo lo que esa marca significa. Si no es así, el logo falla.

Entre otras, las principales razones por las que un logo en condiciones ayuda a promover tu marca son:

Identificación

El logotipo funciona como las caras. Cuando ves una cara que has visto antes, la reconoces, sabes quién es y le incorporas toda la carga de información que le has asociado a lo largo del tiempo. El logo provoca las mismas reacciones. Cuando ves el logotipo en un producto, te está diciendo que ese producto pertenece a alguien (marca) a quien conozco y que me provoca determinadas sensaciones.

Asociación

El logo recuerda la imagen que tienes de esa marca y activa la asociación mental que realizaste en su momento. Si es positiva, tendrás una especial predisposición a relacionarte con ella. En caso contrario, descartarás ir más allá.

Diferenciación

El logo tiene la capacidad de diferenciarte de tu competencia. En la medida en la que cumple con su función de identificación, implica, simultáneamente, que es distinto al resto. Además, si el diseño es profesional te situará a ti o a tus productos en una situación de ventaja. Logos bien diseñados son sinónimo de calidad. Las marcas que venden calidad y muestran un alto nivel profesional son las marcas preferidas por los consumidores.

Capitalización

Te he comentado antes que el logotipo funciona como una pastilla de caldo concentrado al aglutinar en un solo elemento las esencias de la marca. Este mismo concepto sirve para explicar que el logo se puede convertir en uno de los grandes activos de tu compañía. Cuando desarrollas tu empresa y la sitúas en niveles superiores, el logo es el elemento que representa el valor, la gestión y el crecimiento de una marca poderosa. Cuando aumenta el valor de tu compañía, aumenta simultáneamente el valor de tu logotipo. Se convierte en uno de tus principales activos y puede tener un papel primordial en situaciones de compra-venta de empresas.

Lamentablemente, sólo con un gran logo no conseguirás que tu compañía triunfe tal como lo habías soñado. Para conseguirlo, necesitas que todo funcione correctamente. Pero lo que es seguro es que tendrás que pagar un peaje muy alto si tu logo no está a la altura de las circunstancias.

Analiza las características de tu marca, cómo quieres ser reconocido, qué valores aportas, qué beneficios encuentran los clientes,... Defínelos claramente y contrata un profesional que sea capaz de sintetizar todos estos conceptos en un logo que te identifique y te ayude a vender tus productos o servicios.

Recuerda: el logo no lo es todo, pero puede ayudarte muchísimo.

Pon Un Poco De Sal En Tu Imagen

Todos están de acuerdo en que el logo es un elemento importante de tu imagen. Es parte de tu cara. Parte de la manera en la que te presentas al mundo.

Lo primero que ven es tu logo. Luego, debe haber mucho más. Pero, si tu logo no les convence, quizá no le presten demasiada atención.

El "Sí o Sí" de tu logo

Hay toda una teoría alrededor. El logo debe respetar unas características. Debe ser simple y evitar confusión. Debe ser escalable para que funcione bien con distintos tamaños. Debe ser coherente con lo que quiere transmitir tu compañía...

Pero, por encima de todo, tu logo tiene que ser consistente. Tiene que presentarse siempre de la misma manera para dejar una huella en tu público, para que te identifiquen y puedan recordarte.

El mundo está lleno de recetas

Tiene que ser así. Vivimos en un mundo complejo. Cuando das con una receta, simplificas las cosas. Haces que todo sea más fácil.

Las recetas nos dan tranquilidad. Nos permiten ordenar lo que nos rodea. ¿Tienes un problema? Aplicas una receta. Consigues un resultado. Adiós a la ansiedad.

El sistema funciona, pero tiene sus limitaciones. Las recetas o las reglas facilitan las cosas. Eso está bien. Pero también estandarizan demasiado, eliminan diferencias y lo igualan casi todo. Bueno... es lógico. Ésa es la función de las recetas. Que todo tenga unas características similares. Ésa es su fortaleza. También puede ser su debilidad.

Más posibilidades

Las recetas o las reglas son importantes, pero hay vida más allá. Hay que conocerlas. Cuando no lo haces, corres el riesgo de hacer tonterías.

¿Seguirlas siempre? Es tu decisión. Si lo haces, estarás tranquilo, pero es probable que le quites algo de excitación a tu vida y a tu negocio.

Algunos no lo hacen. Google aplica pocas recetas. Seguramente, las conoce todas, pero es capaz de ir más allá y crear las suyas propias.

También lo hace con su logo. Es fantástico y lo reconoce todo el mundo. Es parte de su identidad. Pero ha decidido jugar con él y funciona. Ha sido valiente. Ha dejado de ser consistente. Ahora, te puedes encontrar una versión diaria de su logo cada vez que abres el buscador.

No pasa nada. No estropea nada. No elimina nada. Ha hecho algo diferente y ha conseguido un logo más divertido. Su imagen es más divertida.

A veces tiene sentido no aplicar demasiadas recetas y poner un poco de sal en tu logo. También en tu negocio. Te hace diferente. Te puede hacer único.

¿Qué Es Una Marca Personal?

Tú eres una marca personal. Todos somos nuestras propias marcas personales. Aunque no lo sepas todos nosotros con nuestras actuaciones y formas de comportarnos vamos construyendo nuestras propias marcas, de forma que, cuando alguien habla de ti, todos los que te conocen son capaces de tener una idea en la cabeza que representa todo lo que les inspiras.

La marca personal puede ser una magnífica herramienta de marketing si la trabajas adecuadamente. Una buena gestión de tu marca personal influye positivamente sobre la imagen que otros tienen de ti. Esto se consigue contándoles a los demás quién eres, qué haces y qué es lo que te hace único y te diferencia de los demás.

Piensa en los siguientes nombres: Amancio Ortega, Warren Buffet, Steve Jobs, John McEnroe, Michael Jordan, etc. Todos y cada uno de ellos son una marca personal fantástica:

Amancio Ortega es el selfmade man español. El genio de los negocios que salió de la nada.

Warren Buffet es sinónimo de finanzas. Uno de los hombres más ricos del mundo y un auténtico mago del dinero.

Steve Jobs será recordado como uno de los grandes innovadores de nuestro tiempo y, por supuesto, como el hombre que fundó Apple.

John McEnroe, tenista genial y polémico que protagonizó todo tipo de espectáculos (deportivos y extradeportivos) en las pistas de tenis.

Michael Jordan es baloncesto. El jugador de baloncesto más genial de la historia. El único que se podía suspender en el aire y quedarse allí colgado.

Como ellos, hay muchos más, pero todos comparten una marca personal potente que transmite su diferencia y mantiene su imagen en el recuerdo de todos.

¿Cuál es la diferencia entre ellos y otras personas? La principal diferencia en términos de marca es que mientras que la marca de estos personajes es fuerte, consistente y perdura en el tiempo, la de otras personas es débil y poco conocida porque no se ha comunicado suficientemente o porque no tiene atributos lo suficientemente atractivos como para que quede en el recuerdo de muchos.

¿Para qué sirve tu marca personal?

Para influir. Tu marca personal tiene una influencia decisiva sobre la percepción que tienen de ti las personas que se mueven en tu entorno. En la medida en que esa influencia es positiva, te facilitará el logro de muchos de tus objetivos. El mecanismo también funciona en sentido inverso. Cuando no has conseguido construir una imagen adecuada, tu marca se encargará de levantarte más barreras de las que puedas imaginar.

Si quieres que tu marca personal te coloque en esa situación de privilegio debes construir una imagen que haga que otros te perciban como diferente, auténtico y superior.

Diferente

Si eres diferente, te alejas de lo corriente y te acercas a lo excepcional. La gente recuerda las cosas extrañas que le suceden, las personas sobresalientes que conocen, los libros distintos que leen. Si eres diferente, te aseguras el recuerdo y, por lo tanto, todo lo que hagas tendrá mayor repercusión. Los que no son diferentes tienen más problemas para que sus hechos sobresalgan.

Auténtico

Las marcas que no son auténticas terminan desmoronándose como cualquier otro montaje. Tu marca debe ser auténtica. Debes construirla sobre tus principios, valores y creencias. La autenticidad de tu marca te asegura su coherencia y consistencia. Además, si eres auténtico, te habrás ganado la credibilidad de todos.

Superior

Uno de los objetivos de tu marca personal consistirá en situarte en una posición de liderazgo en el campo en el que actúas. En el momento en que alcanzas ese estatus de superioridad, eres visto por todos (los que te conocen y los que no) como una autoridad en la materia. A partir de ahí, te has ganado su admiración y la posibilidad de promover tus productos y servicios más fácilmente.

Como ves, la marca personal te puede aportar muchos beneficios en el mundo de los negocios, pero no es una herramienta que se ciña únicamente a ese ámbito. También, tiene los mismos efectos cuando trabajas para terceros (gestión de tus relaciones e imagen en la empresa para la que trabajas) y en tus relaciones personales (familia, amigos, etc.).

Al principio, te decía que la marca personal puede ser una herramienta de marketing muy poderosa. Es absolutamente cierto.

Utilízala correctamente y sácale el máximo partido, pero nunca, nunca, engañes ni manipules. Recuerda que, si eres auténtico, te ganaras el respeto y la credibilidad de todos. Si, además, eres superior porque has trabajado duro y te has preparado, todos te admirarán y si tu comportamiento es diferente, quedarás en el recuerdo de todo el mundo.

Cómo Construir Tu Marca

Supongo que a estas alturas no se te escapa que tu Marca Personal es uno de los activos más importantes que tendrás que gestionar a lo largo de tu vida profesional.

Todos tenemos una Marca Personal. La puedes haber diseñado cuidadosamente o, simplemente, se ha ido configurando de forma natural con el paso del tiempo.

Si quieres controlar la imagen que proyectas hacia los demás y los resultados que se pueden derivar de esa proyección, es imprescindible que no dejes las cosas en manos del azar e intentes dirigir tu Marca Personal desde el inicio, pero ¿cómo se hace eso?

Te voy a proponer un sencillo sistema de cuatro pasos para que vayas construyendo tu marca desde hoy mismo:

1.- Identifica los valores que posees y que quieres que estén en el centro de lo que quieres transmitir a los que te rodean. Es importante que seas coherente. No pretendas transmitir lo que no eres. No funcionará. Las grandes marcas son auténticas. No tienen que representar ningún papel, se representan a sí mismas. Las marcas no deben cambiar tus valores. Deben hacer hincapié en aquellos valores que son propios y en los que te quieres apoyar para mostrarte al mundo.

2.- Elige tus herramientas. ¿Qué elementos vas a utilizar como vehículo para transmitir tu Marca Personal? Aquí tienes que listar todo aquello que puede tener un impacto sobre los demás. Dentro de este apartado, puedes incluir tu forma de vestir, de hablar, de escribir, tus tarjetas de presentación, tu Web, tu blog, la decoración de tu oficina, tu firma,... En definitiva, tienes que conseguir que todos estos elementos sean coherentes. Tu marca será más potente en la medida en la que todos los elementos relacionados contigo transmitan siempre las mismas sensaciones.

3.- Comunícala. Cuando hayas cubierto los dos primeros pasos, tienes que poner especial atención en comunicarla siempre que tengas la oportunidad. Acude a reuniones de Networking (contactos), escribe en tu blog, realiza presentaciones, intenta conseguir repercusión en los medios,... Una marca sin comunicación no existe. Tu objetivo es que los demás te perciban a través de esta comunicación como quieres que lo hagan. Cuanta más comunicación realices más reforzarás tu mensaje y a más gente llegarás.

4.- Dale continuidad en el tiempo. El secreto de cualquier Marca Personal consiste en transmitir los mismos valores a través de todos tus elementos (hablar, presentar, escribir, vestir,...) y hacerlo siempre. Es decir, hacerlo de forma consistente en el tiempo. La repetición es importante. No dejes que tu esfuerzo se pierda únicamente porque no has sido capaz de mantener la misma intensidad y coherencia en tu comunicación a lo largo del tiempo.

Estos cuatro pasos te pueden ayudar a construir la Marca Personal que siempre has querido tener.

Ahora, puedes construir una marca fuerte y potente que llame la atención y sobresalga o seguir siendo una discreta marca blanca que se confunda con el resto.

¿Cuál Es Tu Tono?

Quizá, no lo sabes, pero todos tenemos un tono. Consciente o inconscientemente nos expresamos, hablamos, contactamos de una manera determinada. Más alto. Más bajo. Más suave. Más enérgico. Más divertido. Más serio...

Tú también tienes tu tono. Es más, lo más probable es que tu negocio tenga tu mismo tono. Es importante conocerlo.

Tu tono no es bueno ni malo. Es una muestra de cómo eres. De la imagen que proyectas.

Tu negocio funciona igual. Transmite tu tono y capta a los más propensos. A los que conectan con el tono de tu compañía.

Aquí tienes tres ejemplos de personas con tonos distintos. Todos son consultores. Todos tienen mucho éxito y todos tienen un tono radicalmente diferente.

Los vídeos los puedes encontrar en Youtube (googlea sus nombres). Están en inglés. Da lo mismo. Sólo tienes que ver los primeros 15 segundos de cada uno para entender de qué te hablo.

Mike Michalowicz

Mike Michalowicz es un emprendedor estadounidense que ha decidido contar a sus clientes cómo hace las cosas.

Después de haber lanzado, vendido y haber hecho un montón de dinero con un par de compañías, ayuda a emprendedores a hacer crecer sus negocios.

Su compañía se llama "The Toilet Paper Entrepreneur" (El emprendedor de papel higiénico). A partir de ahí, te puedes imaginar cuál es su tono.

Tom Peters

Peters es todo un clásico. Uno de los grandes autores de literatura de negocios. Saltó a la fama gracias a su fantástico libro "En Busca De La Excelencia".

Su formación es tradicional. Estudió business en Standford. Obtuvo el master y el doctorado. Trabajó en Mckinsey & Company (una de las grandes consultoras de Business). Después, decidió iniciar su carrera como consultor independiente.

Tom Peters es, en la actualidad, una de las figuras de mayor prestigio internacional.

Marie Forleo

Marie Forleo es escritora, speaker, emprendedora online,... Durante los últimos años ha ayudado a miles de mujeres a desarrollar sus compañías.

Su experiencia es multidisciplinar: bailarina, coreógrafa, atleta,... Tiene un carácter desenfadado que está siempre presente. Su comunicación es desenfadada y su compañía también.

Mike Michalowicz, Tom Peters y Marie Forleo son completamente distintos. Tienen tonos distintos. Sus compañías también son distintas. Pero tienen algo en común. Todos son auténticos. Todos son coherentes con su tono y todos tienen éxito.

Quince segundos es todo lo que necesitas. En quince segundos puedes saber cuál es el tono de una persona y cuál es el tono de su compañía.

Encuentra tu tono. Contrólalo. Sé autentico y transmite tu mensaje. Puedes ser distinto. Está bien. Es una buena fórmula para tener éxito.

¿Qué Clase de Idea Estúpida es Ésa?

Scott Ginsberg es un norteamericano que decidió hace 10 años llevar una etiqueta con su nombre por el resto de sus días.

La idea le surgió cuando estaba en la Universidad. Después de una fiesta de iniciación, todos los novatos tiraron a la papelera la etiqueta con su nombre. La etiqueta que habían utilizado para darse a conocer. Scott pensó que sería divertido hacer lo contrario que el resto y decidió mantenerla.

La cosa empezó como un juego divertido (la gente le saludaba, se reían,...) y Scott decidió seguir con la broma.

Entonces, llegó el momento de iluminación. ¿Por qué no mantener la etiqueta con mi nombre (al estilo fast food americano) por el resto de mis días? ¿Qué te parece la idea?

A día de hoy ha conseguido dos cosas:

1.- Llevar la etiqueta con su nombre durante más de 10 años. Durante todos y cada uno de los días de esos 10 años, Scott ha colocado una etiqueta con su nombre en la ropa que ha utilizado y se ha presentado con ella donde tocaba.

2.- Ha construido un negocio de seis cifras largas. Se ha apoderado del concepto "Approachable" (accesible) y se ha vendido como el experto en "Accesibilidad". Vende este concepto a través de su compañía "HELLO, my name is Scott" (libros, consultoría, conferencias, programas, columnista,...).

¿Es una idea lo suficientemente estúpida como para que tenga éxito? El éxito ha sido absoluto, pero la idea tiene poco de estúpida. De hecho, la fórmula es muy interesante y se puede aplicar en cualquier entorno.

Scott ha conseguido estos resultados porque ha seguido cuatro reglas fundamentales:

1.- Ser diferente. Vio lo que hacían sus compañeros en la universidad (cuando decidieron deshacerse de sus etiquetas) y decidió hacer lo contrario. Se salió de la norma y ofreció algo por lo que poder recordarle.

2.- Ser consistente. Scott ha sido capaz de mantener su decisión todos y cada uno de los días que han pasado desde que decidió iniciar esta aventura. No ha fallado ningún día y ese hecho le da mucha mayor relevancia a su estrategia.

3.- Apropiarse del concepto. Él sabe que actuando de esa manera y vendiendo la idea de que lleva la etiqueta con su nombre para mostrar su "accesibilidad" en todo momento se hace el dueño del concepto "accesible". Lleva un símbolo que evidencia su disponibilidad y refuerza el concepto con su forma de actuar.

4.- Distribuirlo adecuadamente. Un negocio basado en productos de información (libros, videos, conferencias,...) es el vehículo adecuado para explotar al máximo la estrategia de Scott. Vende su experiencia a través de estos productos.

Las ideas pueden ser o no ser estúpidas dependiendo de la forma en la que se desarrollen. Ideas extrañas terminan convirtiéndose en negocios de éxito porque tienen una buena ejecución.

Ése es el caso de Scott, pero también puede ser tu caso. Hay millones de ideas estúpidas ahí fuera esperando a la persona que las convierta en grandes negocios. ¿Te atreves?

El Efecto "Ramones"

Joey, Johnny, Dee Dee, Tommy. Melenas. Flequillos a la altura de la nariz. Vaqueros rotos. Guitarras eléctricas. Muchas guitarras eléctricas. 1, 2, 3....BOOOOOOMMM. Decibelios, decibelios, decibelios, más decibelios. ¡Los Ramones están en el escenario!

Es fantástico. No falla. Es una fórmula que no falla. Los Ramones salen a tocar. Golpean sus guitarras. Saltan. Gritan. Cantan. Todos les siguen. Todos quedan hipnotizados.

¿Por qué? ¿Qué pasa? ¿Qué es lo que ha convertido a los Ramones en un grupo de culto?

1.- Cantan igual. Siempre cantan igual. Su rock es parecido. Duro. Agresivo. La gente sabe lo que va a escuchar. No hay sorpresas. Sólo guitarras, guitarras, guitarras,...

2.- Visten igual. Es su estética. Lo fue desde el primer día. No se transformaron. No se reinventaron. Vaqueros rotos, zapatillas, cazadoras y pelo muy largo. Su aspecto les identificaba. Era parte de su personalidad. Era su marca.

3.- Hacen lo mismo. No hay grandes puestas en escena. Guitarras y gritos. Caña, caña y caña. Marcan el ritmo y empieza el mismo espectáculo de siempre.

4.- Son los mejores haciéndolo. Hacen lo que hacen y nadie lo hace igual. Muchos lo intentan. Muchos quieren tener un estilo parecido, pero no lo consiguen.

5.- Son auténticos. Son los Ramones. La gente lo sabe y no quiere a otros. Son míticos y tienen un lugar en la historia.

La gente iba a ver a los Ramones porque eran los Ramones. Porque sabían lo que se iban a encontrar. Conocían su música. Les gustaba cómo se movían. Sus guitarras eran geniales. No querían ver otra cosa. Querían ver a los Ramones. No querían nada más. No querían cambios. Querían a los Ramones de siempre tocando como siempre. Querían su fórmula. Eso es todo.

Si hubiesen querido algo diferente, habrían seguido a otro grupo. Pero seguían a los Ramones. Seguían a los Ramones porque les daban lo que querían.

Tu negocio debe ser igual. Haz algo. Hazlo bien. Sé el mejor haciendo lo que haces. Entrégaselo a tus clientes. Si les gusta, volverán. Volverán una vez, dos veces,…. Volverán siempre.

No cambies la fórmula. No toques nada. Simplemente repite lo que funciona. Repítelo tantas veces como tus clientes quieran. ¡El Efecto Ramones funciona! Ellos fueron una banda mítica. Tu negocio también puede serlo.

Las Grandes Ideas No Lo Son

En el "Restaurant Paris Bastille" hacen cosas diferentes. Han decidido dar una oportunidad a nuevos cocineros.

Con su programa "Un Día, Un Cocinero" invitan a todos aquéllos que quieran mostrar su talento al mundo. Una sencilla aplicación a través de su Web. Aprobación de la solicitud y "et voilá" habemus cocinero.

El chef Dalavaud supervisa los platos y aconseja a los nuevos cocineros. Cada uno presenta su creación. Finalmente, amigos, familiares y público en general disfrutan del menú.

Es una buena manera de dar oportunidades, ser creativo y promocionar tu negocio. Es una buena manera de ser diferente.

Hay ideas por todos los sitios

El "Restaurant Paris Bastille" ha hecho algo interesante. Es distinto. Llama la atención. Despierta el interés.

No han tenido que irse muy lejos para encontrar su idea. Han mirado alrededor y han encontrado una posibilidad de hacer algo nuevo. Lo han hecho.

Hay ideas por todos los sitios. Están ahí. Alrededor tuyo. En todos los elementos de tu negocio. En todo lo que haces. Siempre existe la posibilidad de hacerlo de otra manera. Hazlo. Eso es una idea.

Las grandes ideas no tienen que ser grandes

No es necesario. No desperdicies tu tiempo buscando la gran idea. Ésa que va a revolucionar el mundo. Si das con ella, ¡fantástico! Si no terminas de encontrarla, no le dediques demasiado esfuerzo.

"Un Día, Un Cocinero" es un buen ejemplo. No han transformado su negocio. No lo han echado abajo y lo han vuelto a reconstruir. No han cambiado el modelo.

Han incorporado una novedad y lo han hecho más atractivo. Han encontrado ese elemento que podían cambiar. Que podía aportarles algo nuevo. Lo han hecho. Es diferente. Es suficiente.

Tú también puedes hacerlo. Identifica los elementos de tu negocio. Céntrate en los que ofrecen más posibilidades. Elige uno y cámbialo. Controla los resultados. ¿Funciona? Sí. ¿No funciona? Inténtalo otra vez.

Las ideas están por todos los sitios. Sólo hay que saber verlas. Reconocerlas. Hay muchos tipos de ideas. Grandes y pequeñas. Las grandes pueden estar bien. Las pequeñas son fantásticas.

Las grandes ideas no tienen que ser grandes. Tienen que ser buenas.

Menos Puede Ser Mucho Más

Los productos van incrementando sus funcionalidades con el tiempo. Primero aparecen las versiones más sencillas y, poco a poco, van incorporando cosas.

Es un fenómeno típico en el mundo de la electrónica. Sólo tienes que mirar tu teléfono móvil. Después de unas cuantas versiones, el aparato es mucho más que un teléfono. Puede hacer casi de todo, incluso llamadas.

El camino de la evolución

Las cosas evolucionan cuando incorporan algo nuevo. Ésta es la forma convencional de entender la evolución. Puede ser un nuevo gadget o una nueva tecnología o... lo que sea. Si aparece la palabra nuevo, todo va bien. El producto ha superado la fase previa y se sitúa en la siguiente.

Hay más alternativas. Está bien asociar novedad con evolución, pero se puede evolucionar de una manera diferente. Se puede evolucionar en sentido contrario. Se puede evolucionar hacia la sencillez, la facilidad,...

La historia de Pure Digital

Pure Digital era una pequeña compañía de productos electrónicos. Fabricaba cámaras digitales. El mundo de las cámaras de vídeo es un mundo complicado. La competencia es muy grande y la vida de los productos se ve condicionada por la aparición de la siguiente novedad.

Las compañías pequeñas tienen dificultades para moverse en este tipo de mercados. Pelear contra los grandes sin los recursos de los grandes no parece la mejor estrategia.

Pure Digital lo tuvo claro desde el primer momento. Su manera de evolucionar el sector no pasaba por incorporar elementos nuevos a un producto saturado de elementos nuevos. Su manera de evolucionar el sector pasaba por eliminar la mayoría de estos elementos.

Flip

Pure Digital lanzó la "Flip Camera". ¿Qué es una "Flip Camera"? Una cámara de vídeo. Sólo una cámara de vídeo que no hace nada más que grabar imágenes y volcarlas en tu ordenador a través de una conexión USB.

¿Qué más tiene una "Flip Camera"? Nada. Sí, no tiene nada. No tiene botones extraños que nadie entiende y que realizan funciones difíciles de pronunciar. ¿A quién le interesan?

Una "Flip Camera" graba vídeos y te ofrece lo que necesitas para grabarlos. Poco más. Ésa es su evolución. La sencillez. La eliminación de todo lo innecesario. La facilidad de uso.

El producto fue una sensación. En los primeros años se vendieron más de dos millones de unidades y al poco tiempo despertó el interés de las grandes corporaciones hasta que, finalmente, fue adquirida por Cisco.

Los productos pueden evolucionar de muchas maneras. Las fórmulas convencionales suelen añadir cosas, hacerlos más complejos. Pero hay otras alternativas que también funcionan. Hay otras alternativas donde "menos puede ser mucho más".

Fácil Mejor Que Factible

Odioso mejor que Abyecto

Contrario mejor que Antitético

Puesto mejor que Poltrona

Quitar mejor que Deponer

Difícil mejor que Complejo

Enfadado mejor que Indignado

Detestar mejor que Abominar

Mantener mejor que Perpetuar

Defraudar mejor que Malversar

Diferente mejor que Alternativo

Tópico mejor que Cliché

Paz mejor que Concordia

Acuerdo mejor que Consenso

Honrado mejor que Ecuánime

Cambio mejor que Transición

Capacidad mejor que Eficiencia

Lleno mejor que Saturado

Lucha mejor que Confrontación

Cantidad mejor que Presupuesto

Justo mejor que Razonable

Torpe mejor que Incompetente

Manejar mejor que Administrar

Práctico mejor que Pragmático

Misterio mejor que Incógnita

Elegido mejor que Mesías

Consumidor mejor que Usuario

Sospechar mejor que Vislumbrar

Ordenar mejor que Normalizar

Ayuda mejor que Subvención

Gente mejor que Plebe

Jefe mejor que Dirigente

Basura mejor que Despojo

Pelear mejor que Lidiar

Gilipollez mejor que Necedad

....

¿En qué lugar de la ecuación estás? Hazlo Fácil

¡Quiero Más Fans!

"In N Out" es una cadena de fast food californiana. No es tan conocida como McDonalds. No tiene tantos establecimientos como Burger King. Pero tiene unos clientes leales capaces de pasar la noche al raso esperando la apertura de un Nuevo establecimiento.

¿Te imaginas a alguien durmiendo en la acera de un "Pans&Company" para ser el primero en pedir un bocadillo por la mañana? Una locura, ¿no?

Por lo general, todo esto no es gratuito. La gente sigue a una compañía porque les da lo que esperan de ella. Bueno, no.... porque reciben mucho más de lo que esperan de ella. Es muy probable que éste sea el caso de "In N Out".

La cadena, en funcionamiento desde la década de los '50, se ha caracterizado por ofrecer siempre lo mismo:

1.- Hamburguesas frescas. Todos los elementos de sus hamburguesas son extremadamente frescos: carne, lechuga, tomates,...

2.- Oferta sencilla. Ningún tipo de complicación. No hay productos nuevos. Siempre la misma fórmula, la que funciona: hamburguesa, patatas fritas y bebida. ¿Para qué más?

3.- Salsa especial. El toque de calidad. Una salsa distinta que convierte a sus hamburguesas en algo único. Algo que no tiene que ver con su competencia.

4.- Servicio excelente. "In N Out" tiene fama de tratar a sus empleados de maravilla. Además, sus salarios están por encima de la media. Conclusión: sus empleados ofrecen un servicio excelente.

Estos y otros factores han hecho que la cadena de fast food californiana se haya convertido en un auténtico objeto de culto en la zona.

Es un fenómeno conocido. Se repite con una cierta frecuencia. Cuando haces las cosas bien, la gente disfruta con tu producto. Si haces las cosas muy bien, la gente se convierte en fan. Hay muchos ejemplos:

Apple: miles de seguidores de todo el mundo están pendientes de los movimientos de la compañía. Sus lanzamientos de productos se convierten en auténticos espectáculos. Largas colas de fans esperando ser los primeros en disfrutar de la novedad.

Starbucks: ¿Por qué alguien está dispuesto a pagar dos o tres veces lo que pagaría por un café en cualquier otro sitio? Simplemente, porque es diferente. Porque es excelente. Porque es único. La experiencia de Starbucks es irrepetible.

Absolute: Su botella es mágica. Es reconocible. Sus campañas publicitarias basadas en la botella son fantásticas. Ejerce un poder hipnótico en sus consumidores. Absolute es mucho más que un vodka.

Virgin: la personalidad irreverente de su fundador, Richard Branson, es el espíritu de la marca. Sus clientes se identifican con él y le siguen. Da lo mismo comprar música o subir a un avión. Lo importante es consumir los productos de la persona que les inspira.

A veces ocurre. Coinciden una serie de elementos y sucede. Tus clientes se convierten en auténticos fans de tus productos. A partir de ahí, todo es diferente.

Son tus fans los que comprarán una y otra vez tus productos. Son tus fans los que hablarán de ti a sus amigos. Son ellos los que dispararán tu negocio.

Trabaja para ellos y ellos se encargarán de todo lo demás.

Mi Producto No Es Divertido

Muchos creen que sólo los productos divertidos comunican de una forma divertida. Tienen algo que engancha. Algo que divierte. La gente se lo pasa bien cuando les hablas de ellos. Basa tu comunicación en ese "algo" divertido. El impacto está asegurado.

Los productos aburridos no son iguales. Son serios. No tienen gracia. Tienes que ser formal. Tu comunicación tiene que ser ortodoxa. No te atrevas a salirte de la norma. Correr riesgos en comunicación puede ser peligroso.

Yo no estoy del todo de acuerdo. No creo que los productos sean más o menos divertidos. Creo que es más o menos divertida la forma en la que los miras.

Todos los productos tienen su historia. Algunas historias son evidentes. No tienes que hurgar mucho. Salen a la superficie rápidamente.

Otros productos no son tan claros. Nada salta a la vista. Tienes que entender el producto. Conocerlo. De repente... un momento de inspiración. Ahí está la historia. Delante de ti. Sólo tienes que cogerla y contarla.

Blendtec es uno de esos productos. Blendtec es una batidora. ¿Son divertidas las batidoras? No demasiado. Blendtec podría haber asumido su naturaleza. Su comunicación podría ser gris y ortodoxa. Seguramente sería un producto más. Un producto del montón, con resultados del montón.

Sin embargo, han mirado al producto de una forma diferente. Han mirado buscando una historia. La historia ha aparecido.

¿El resultado? 400.000 suscriptores en su canal de YouTube, 166 millones (sí, millones) de vídeos reproducidos y una de las colecciones de vídeos más virales de la red. ¡Ah! Las ventas se han disparado. Su facturación se ha multiplicado varias veces y han conquistado su mercado.

¿Por qué ha conseguido este éxito Blendtec? Porque han decidido no ser aburridos. Han hecho todo lo necesario para resultar interesantes.

1.- La Plataforma. Han elegido YouTube como la plataforma para realizar su comunicación. Algunos ven YouTube como el sitio ideal para los vídeos de quinceañeros. Blendtec ha pensado que era el sitio adecuado para conectar con sus clientes. Lo ha hecho. Ha sido el primero y se ha diferenciado de la competencia. Luego llegarán otros, pero no pueden ser los primeros.

2.- El Estilo. Aquí no funciona producto serio igual a estilo formal. Todo lo contrario. Batidora igual a diversión. ¿Por qué ser grises? ¿Por qué no hacerlo con un estilo desenfadado? Todos los productos tienen distintos enfoques. Hay que saber encontrarlos. Hay que saber cuáles funcionan mejor.

3.- El Contenido. Podrían hablar de la potencia de la batidora. De la rapidez con la que tritura los alimentos. Podrían hacer alguna demostración con tomates, pepinos, lechugas,... ¿Sería distinto? ¿Sería divertido? ¿Alguien lo recordaría? No lo creo. Introducen un elemento distinto. Un elemento nuevo. Blendtec tritura cosas. Cosas divertidas: CDs de Justin Bieber, teclados de ordenador, IPhones, IPads, vuvuzelas,...

Los productos son lo que tú quieras que sean. Tu producto no es aburrido. No lo es más que otros. Míralo de otra manera. Busca la historia que todos los productos tienen dentro. Búscala y cuéntasela al mundo. Te están esperando.

¡Más de lo que Quiero a mi Mie**a!

Con una frase así es difícil ser indiferente. Es difícil no mirar. "Te quiero más a ti Raimond. Más de lo que quiero a mi propia mierda". Ésta es una de las muchas joyas que puedes encontrar en Pink Flamingos.

John Waters rodó la película en 1972. Nada más estrenarse provocó una gran polémica. Poco tiempo después, ya era una película de culto.

¿Qué es Pink Flamingos? Una mala película. Un mal guion. Malos actores. Mala dirección. Mal... Bueno, tiene otras cosas, pero todas son malas.

Sí, Pink Flamingos es una mala película. También es una de las películas más famosas de la historia del cine. A veces pasa. Haces algo malo y se convierte en un fenómeno de masas.

La Transgresión

John Waters quiere molestar. La película molesta. Divine, la protagonista transexual, tiene el título de persona más inmunda del mundo. Una pareja surrealista quiere quitárselo. Ya tienes un guion.

Ése es el juego de la película. El mismo que el de su protagonista. La película es inmunda. Es sucia. Es transgresora. Molesta.

Si ése era el objetivo de su director, lo consigue. Colocas a una madre enganchada a los huevos de gallina, una transexual inmunda, una pareja que viola jóvenes para embarazarlas y vender sus hijos a parejas de lesbianas y unas cuantas barbaridades más y ya has cruzado la línea roja. Ya tienes transgresión. Ya tienes polémica.

El efecto Pink Flamingos

La transgresión ayuda. Seguro. Pero no es el elemento más importante. Se han rodado muchas películas trangresoras. Muchas películas donde se dicen y hacen burradas. Muchas películas que van más allá de la línea roja. Es probable que no recuerdes ninguna. Es normal.

Pink Flamingos es diferente. Todos conocen la película. Está en todas las listas. ¿Por qué? ¿Por ser transgresora? Seguramente no. Está en todas las listas por atreverse a serlo. Por ser la primera. El efecto Pink Flamingos.

La lección de marketing

En marketing hay una expresión para hablar de esto. "First Mover Advantage" (la ventaja del primero).

Le puedes llamar como quieras. Efecto Pink Flamingos o First Mover Advantage. Todo tiene sentido. El nombre no es demasiado importante. Es importante el concepto. La fuerza del concepto.

Cuando eres el primero, eres el primero. Cuando eres el primero en hacer algo, nadie te lo puede quitar. Pueden vender más. Pueden ser más grandes. Pero no pueden ser los primeros. No pueden serlo porque lo eres tú.

Pink Flamingos no es lo que es por ser una película transgresora. Que sí, que también... Pink Flamingos es lo que es por ser la primera en hacerlo. Lo hizo. Se atrevió y ha pasado a la historia del cine.

Doce Centímetros

Es una gran medida. Si eres mujer, es todo lo que necesitas para mostrar toda tu elegancia. Doce centímetros de altura.

Esos doce centímetros han hecho famoso a Christian Louboutin. Esos doce centímetros y el diseño exquisito de sus famosos "Stilettos". Calzado femenino de fantasía para bolsillos sin complejos.

El Diseño

¿La idea? Tacones. Tacones desproporcionados para alargar las piernas de la mujer. Para convertirlas en algo imposible. Para mejorar su belleza.

Tacones y muchas más cosas. Tacones y piedras preciosas. Tacones y plumas. Tacones y tejidos exóticos. Tacones y... Siempre tacones y cosas increíbles. Eso es el diseño. Combinaciones fantásticas que te hacen sentir bien.

El Efecto Lupa

El diseño es un gran concepto, pero es demasiado abstracto para venderlo. Es difícil contarlo. Hay que sentirlo. Si no lo experimentas, no vale nada. Son demasiadas cosas juntas para tener un mensaje claro.

Una gran idea. Suelas rojas. Todos los zapatos de Christian Louboutin tienen suelas rojas y elegantes.

¿Por qué rojas? No sé... supongo que resulta atractivo. El rojo es pasión. Es algo que necesitas para poder calzar estos zapatos. Da lo mismo. El color no es importante. Bueno lo es, pero podría ser otro. Lo importante es cómo funciona. Cuál es su papel.

Vender el diseño en abstracto es difícil, pero concentrar todos los elementos en uno sólo es otra cosa. Así funciona el efecto lupa. Concentra todo en un punto. Le da protagonismo y lo vende.

Así funcionan las suelas de color rojo. Son el punto. Son el resumen de todo. Los doce centímetros, las piedras preciosas, las plumas, los tejidos exóticos, las... Son la mejor manera de contar qué es Christian Louboutin y cómo es su calzado.

Después pasan cosas

Siempre es así. Si haces algo diferente y funciona, los demás quieren hacer lo mismo. En este caso, no es diferente. Las suelas rojas son demasiado atractivas para no hacerlo.

Hay denuncias, disputas,... A Yves Saint Laurent también le gusta el rojo y lo coloca en sus suelas. ¿Por qué no? Funciona.

Es molesto, pero no creo que sea un problema. Los que lleguen después no pueden ser los primeros. Louboutin es el primero. Lo ha hecho bien y ha conseguido que sus suelas rojas le representen.

Los que lleguen después sólo pueden hacer algo parecido. Está bien. Todos los grandes tienen imitadores. Se imita al que merece ser imitado. El número de imitadores te da la medida de lo que estás consiguiendo.

Seguramente Yves Saint Laurent y otros pueden utilizar el color rojo en sus suelas. Es probable que ganen sus disputas. Al fin y al cabo, el color rojo no pertenece a nadie. No pertenece a nadie, pero es de Christian Louboutin.

Personalizar o no personalizar

La tecnología es tramposa. Te da muchas posibilidades. Tienes la tentación de aprovecharlas todas. De ir hasta el extremo y ponerlas al servicio de tus clientes.

Martha Rogers y Don Peppers lo hicieron. Definieron un concepto interesante. One to One Marketing (Marketing Uno a Uno). Ésa era la idea. Un marketing de productor a cliente. A cliente individual. Con necesidades individuales y con gustos individuales.

Un marketing que reconoce la especificidad de cada cliente y le da las herramientas tecnológicas para personalizar el producto.

Personalizar o no personalizar

No puede haber demasiado debate. Somos diferentes y nos gustan cosas diferentes. A partir de ahí, todo lo que se acerca a tus gustos te interesa más. Te atrae más.

Si existe la tecnología, ¿por qué no hacerlo? No hay barreras. Sólo tienes que dar la posibilidad a tus clientes. Reconoces sus diferencias y les das las herramientas para expresarlas de la mejor manera. Al final todo encaja.

No es tan fácil

Lamentablemente, las cosas son algo más complicadas. Todo tiene su precio. ¿Qué precio? Hay muchos. En este caso, es el precio de la complejidad.

La tecnología es una herramienta fantástica que genera opciones. Cuantas más opciones, más personalización. El tema tiene sentido. También, cuántas más opciones más dificultades para elegir. Más tiempo para la elección. Más esfuerzo.

¿Personalizar? Sí. ¿Personalizar hasta el extremo? No, si el precio de la complejidad es demasiado alto.

¿Dónde está el límite?

El límite lo pones tú. Lo ponen los clientes. El límite es una fórmula sencilla.

Nivel de personalización = satisfacción − esfuerzo

El nivel de personalización es igual a la satisfacción conseguida menos el esfuerzo realizado. Cuando el esfuerzo supera a la satisfacción, en ese mismo momento, has identificado el límite. A partir de ahí, la personalización deja de tener sentido.

El límite es algo muy personal. Seguro que tu límite no coincide con el límite de otro. Depende de las personas. Depende de nuestra tolerancia al esfuerzo. También depende de lo que estés personalizando.

Los productos de éxito conocen esta regla y la aplican. No personalizan hasta el infinito. No te llenan la cabeza de posibilidades complicadas.

Los productos de éxito utilizan la tecnología para ofrecerte las opciones justas. ¿Cuáles? Las justas. Las que te permiten disfrutar de tu personalización sin morir en el intento.

¿Cuál Es El Tamaño De La Diferencia?

Cuando dos productos son iguales, tienen problemas. Es más difícil competir. Igual significa igual. Da lo mismo. Uno u otro.

A estas alturas todos lo sabemos. Si quieres que tu producto funcione, si quieres tener posibilidades, debes ser diferente.

Ésa no es la cuestión. Hay que ser diferente. Sí, pero cuánto. ¿Cuál es el tamaño de la diferencia? ¿Cómo de diferente hay que ser para tener éxito?

El atractivo de los cubiertos de plástico

Ecoproducts es una compañía que fabrica cubiertos de plástico. Fabrica más cosas, pero los cubiertos son su producto más famoso.

No es un sector con demasiado glamour. Al fin y al cabo, son tenedores, cuchillos, cucharas, platos,... Tampoco es un sector fácil. Está lleno de competidores. Hay muchos compitiendo con muchos productos desde hace mucho tiempo.

A pesar de todo, Ecoproducts es una compañía que ha crecido a ritmos de 3 dígitos en los últimos años. Es una compañía que ha crecido al margen de su sector.

Siempre hay que ser diferente

Ecoproducts tiene éxito porque no es como las demás compañías que fabrican cubiertos de plástico. Ecoproducts es diferente.

Sus productos son parecidos a los de la competencia. Sus tenedores parecen de plástico. Son blancos. Tienen la misma forma. Todo es más o menos igual.

Todo es más o menos igual menos una cosa. Sus productos son biodegradables. No dañan el entorno. No deterioran nada. Simplemente, los utilizas, los tiras y desaparecen en un tiempo razonable.

El tamaño de la diferencia

Es suficiente. Un material que se parece al plástico pero que se deshace en unas semanas. Es suficiente para ser diferente y superar a los demás.

Sólo es un elemento. Un único elemento. El resto es parecido. Tenedores, cucharas, cuchillos similares que hacen cosas similares. Pero unos estarán ahí siempre mientras que los otros desaparecen.

Un solo elemento es suficiente para marcar la diferencia. Pero el tamaño de la diferencia no es uno. El tamaño de la diferencia es enorme.

Marketing Del Bueno

El marketing funciona. Funciona en distintas culturas. Funciona en distintos países. Funciona en distintas ciudades.

Las compañías marketinianas apuestan por sus clientes. Apuestan por sus ingresos. Da lo mismo el lugar. Están por todas partes.

Comparten la misma mentalidad. Montan negocios atractivos para sus clientes. Negocios que cubren necesidades de una manera diferente.

Nani tiene una panadería. Su compañía es una compañía marketiniana. Está en Montejo, en la sierra. Montejo es un pueblo pequeño. Da igual. No importa. La mentalidad de Nani es una mentalidad de marketing.

Sus productos son divertidos. Tienen nombres diferentes: los cojonudos, las cojonudas. Son memorables. A sus clientes les encantan.

Utiliza estrategias distintas. Saca hornadas de productos. Los regala. Quiere que sus clientes los prueben. Te llama la atención. Te dice que te prepares y te lanza el bollo, la torta, el... ¡Qué más da!

Tienes que cogerlo. ¿Lo consigues? Te lanza más. Es divertido. Es diferente. La gente degusta el producto, se lo pasa bomba y.....compran. Compran mucho. Compran mucho más de lo que puedas imaginar. Compran mucho más de lo que comprarían en una panadería aburrida.

Nani hace marketing. Marketing del de verdad. ¿Es ortodoxo? Seguramente no. ¿Importa? Nada. Hace algo que le diferencia. Algo que le posiciona. La gente le recuerda y se pasan por su panadería a coger bollos al vuelo y comprar cojonudos, cojonudas,...

Importa poco dónde estás. Da lo mismo si operas en una ciudad grande o pequeña. O si tu compañía está en un pequeño pueblo de la sierra. Lo único que importa es que pienses en tu cliente. Que pienses en tu cliente todo el tiempo.

Nani lo hace. Nani lo hace en Montejo y es un ejemplo para todos. Nani hace marketing del bueno.

¿Por Qué No?

Sí, ¿por qué no? ¿Qué tiene de malo? Has pasado 25 años trabajando en el mundo del espectáculo. Eres un artista. Es lo que sabes hacer. Tienes experiencia en algo. La utilizas.

El Reverendo Lawrie Adam lo ha hecho. Después de una vida entreteniendo a otros, ha cambiado algunas cosas. Ha cambiado al público por fieles. Ha cambiado los escenarios por la iglesia. Ha cambiado...

Sí, algunas cosas no son iguales, pero otras sí. Otras cosas no pueden ser distintas. No pueden serlo si quieres conseguir los mismos resultados. El reverendo lo sabe y sigue entreteniendo. De otra forma. Con más seriedad. Pero lo sigue haciendo. Hace lo que sabe hacer. Entretiene a su audiencia.

La historia

En 1987, Lawrie encontró un viejo muñeco de madera en un mercadillo. Le puso un nombre (Jake) y decidió incluirlo en sus sermones. Lawrie se convirtió en el ventrílocuo de Dios.

Desde entonces, los dos sermonean al alimón. Comparten púlpito. Hablan a su gente. Les cuentan cosas importantes de una manera diferente.

A los fieles les gusta. Les divierte. Empezaron a acudir en masa. Lawrie y Jake se convirtieron en celebrities y la iglesia se llenó de feligreses.

El entretenimiento es un buen remedio para casi todo. También para la iglesia.

Un poco de irreverencia funciona

¿Por qué no? ¿Sí, por qué no va a utilizar su experiencia? ¿Por qué no va a aprovecharla..., aunque parezca extraño?

Lo es. Suena un poco raro, pero se puede hacer. Él lo ha hecho y funciona. Lawrie Adam ha aprovechado su pasado. Su conocimiento. Lo ha cogido, lo ha adaptado y lo ha puesto a trabajar.

La fuerza de la experiencia es grande. La capacidad de sorpresa, cuando la sacas de su lugar natural y la pones en otro sitio, también.

Lawrie ha aprovechado los dos efectos. Hace lo que sabe hacer y sorprende a todos haciéndolo. Resulta un poco irreverente. Divertido. Funciona.

¿Por qué no? ¿Por qué no atreverse a hacerlo? Al final, somos buenos cuando hacemos lo que sabemos hacer. Conseguimos mejores resultados cuando somos diferentes. Así son las cosas. Así son, aunque sean un poco irreverentes.

Un Día En Las Carreras

Has trabajado mucho en la idea. Has puesto mucho esfuerzo en el desarrollo. Al final, lo has conseguido. Ahí tienes tu producto.

La primera reacción es de satisfacción. Luego, hay otras. También son positivas. Es natural. Es un producto fantástico. Es tu producto. Así es como pensamos todos.

A partir de ahí, empieza una relación. Una relación con tu producto. Una relación que se va haciendo más intensa. Una relación llena de emociones.

¿Cuál es tu apuesta?

En 1968, los psicólogos Knox e Inkster realizaron un estudio interesante. Se fueron a un hipódromo y se pusieron a hacer preguntas.

Preguntaron a los que estaban haciendo cola esperando para colocar su apuesta y volvieron a preguntarles cuando ya la habían realizado.

La pregunta tenía que ver con el nivel de confianza que tenían en la apuesta que iban a colocar. Después de colocarla, volvían a preguntarles por su nivel de confianza.

Los resultados eran interesantes. En la mayoría de los casos coincidían. El nivel de confianza en la apuesta aumentaba una vez que los encuestados habían realizado la apuesta.

El principio de Consistencia

¿Cuál es la razón de todo esto? Tiene mucho que ver con la consistencia. Tiene mucho que ver con el deseo de ser consistentes con las decisiones que hemos tomado.

Simplemente, nos convencemos de que hemos tomado la mejor decisión. A partir de ahí, vamos reforzando ese pensamiento y hay un momento en el que dejamos de cuestionarnos la situación. Dejamos de hacernos preguntas.

Tus productos

¿Qué tiene que ver el principio de Consistencia con tus productos o servicios? Tiene mucho que ver. El principio de Consistencia puede ser una trampa mortal para tu negocio.

Sí, son tus productos. Sí, has trabajado mucho en ellos. Sí, pueden ser fantásticos. Todo eso puede ser cierto.

Pero también puede no serlo. Puede que tus productos no sean tan buenos como pensabas o tan diferentes o tan... Puede que tus productos no funcionen como esperabas.

¿Entonces? Entonces aparece el principio de Consistencia. Empiezas a reforzar tu decisión. Empiezas a justificar el porqué de tus productos. Empiezas a negar la realidad.

Tienes que conocer el principio de Consistencia. Debes saber que aparece siempre. Que actúa constantemente.

Cuando tus productos no funcionan, tienes que revisarlos. Tienes que cambiarlos. Es probable que, cuando lo hagas, acabes con tu consistencia. También es probable que, cuando lo hagas, salves tu negocio.

La Estupidez Es Rentable

¿Qué tienen en común todas estas ideas?

Wiggles Dog Wigs: pelucas y extensiones online para perros en todos los colores y tamaños.

Lasermonks: monjes reales que se dedican a rellenar y vender por Internet cartuchos de tinta para impresora.

FitDeck: juego de cartas con distintos ejercicios físicos para practicar deporte en cualquier sitio.

Diaper Bags: tienda online que vende bolsas de diseño para guardar los pañales de los bebés.

Mungo & Maud: ropa, accesorios,... incluso fragancias de gama alta para perros y gatos.

Pet Supply Vending Company: máquinas de vending con una oferta completa de productos para mascotas: comida, juguetes, collares,...

Road Kill Toys: extraños muñecos de trapo de ojos ensangrentados que simulan haber sido atropellados.

Infidelity Kit: equipo detector de infidelidades que te permite identificar restos de fluidos corporales en ropa interior y sábanas.

Square Watermelons: sandías con forma cuadrada ideales para apilar en los lineales del supermercado y guardar en los frigoríficos.

Rescue Critters: maniquís de bichos (ratas, caballos, perros,...) para enseñar a estudiantes, laboratorios,... como manejarlos con seguridad.

Estas ideas tienen en común dos cosas. Primero, son aparentemente estúpidas. Segundo, están generando montones de dinero para sus creadores.

No subestimes las posibilidades de una idea estúpida. En ocasiones, la estupidez es mucho más atractiva y rentable que la cordura.

Anatomía De Un Producto De Éxito

El 23 de octubre de 2001, Steve Jobs presenta su nuevo producto: el IPod. Finalmente, sale al mercado el 10 de noviembre del mismo año.

La campaña publicitaria del lanzamiento es una de las campañas más famosas de la historia de la publicidad. Nada de gigas. Nada de software. Nada de características técnicas. Sólo una frase. "1.000 Canciones en tu bolsillo". Es difícil imaginar otro concepto que exprese mejor lo que es un IPod. Sencillamente genial.

El producto se convierte en un éxito "overnight". Consigue una cuota de mercado en reproductores digitales por encima del 90% en Estados Unidos. En 2007, las ventas del IPod suponen casi el 50% de la facturación total de Apple.

Seguramente, el IPod es el producto que cambió el paso de la compañía. Gracias a él, Apple empezó a ser la compañía que todos conocemos.

Los puntos de referencia ayudan

En 1978, el ingeniero de Sony Nobutoshi Kihara crea el prototipo de Walkman por encargo del fundador de Sony. Akio Morita le pide a su empleado que diseñe un aparato que le permita escuchar ópera cuando viaja en avión.

El Walkman es el predecesor del IPod. La idea del producto es increíble. El Walkman fue el primer reproductor de música portátil. A él le debemos que la música camine.

Walkman revolucionó la forma de oír música a final de los `70 y Apple hizo lo mismo a principio de este siglo.

Apple se inspiró en la idea de Walkman para el desarrollo de su IPod. Básicamente, hizo el mismo producto de Sony con una tecnología diferente.

Tiene ventaja el que adapta mejor

La idea no era nueva. Los japoneses la habían desarrollado 20 años antes. La tecnología también existía. En definitiva, un IPod no es más que un disco duro u otro dispositivo de almacenamiento con software para reproducir archivos de música, generalmente, MP3.

La oportunidad estaba en la adaptación de todo esto. Todo era conocido, pero los reproductores digitales que se habían lanzado al mercado eran grandes y feos.

Apple aprovechó todo lo que ya existía (idea y tecnología) y mejoró el resultado final. Disminuyó el tamaño y creó su particular Walkman digital.

Hay que dejar las señas de identidad

Sólo quedaba algo por hacer. Sólo faltaba dejar la firma. Incorporar ese elemento que lo hiciese reconocible. El elemento que todos identifican y que lo señala como un producto de Apple. El diseño.

La compañía de la manzana le dio su toque personal. Incorporó su estilo minimalista al IPod. Diseñó un interfaz sencillo y lo diferenció de todo lo que había en el mercado. Ya estaba hecho. Lo había conseguido de nuevo. Un producto rompedor.

Ahora, una gran promoción. Repetir hasta la saciedad la palabra innovación y convertirse en una de las mayores historias de éxito de los últimos tiempos.

¿Por qué? Porque para crear un gran producto basta con identificar las grandes ideas, actualizarlas mejor que los demás y ponerles el sello personal.

Quiero Unos Abdominales 10

Mike Geary es un tipo increíble. Ha conseguido crear un negocio en internet de más de 10 millones de dólares anuales en cinco años.

¿Cómo lo ha conseguido? Enseñando a sus clientes a marcar abdominales.

Un sistema que combina ejercicios y una alimentación específica. Parece que funciona. Miles de clientes por todo el mundo y millones de facturación. No está mal.

¿Cuál es la clave de su éxito? No creo que haya una única clave. Para alcanzar ese nivel, necesitas muchas cosas.

Pasión y Conocimiento

Geary es un profesional del fitness. Ha sido personal trainer y ha estado involucrado en este mundo durante años.

En el inicio, combinaba su trabajo tradicional con sesiones en el gimnasio. Después, empezó con su pequeño negocio en Internet. El negocio creció y dejó el trabajo.

Es difícil conseguir nada si no te mueve una gran pasión y un conocimiento profundo. Geary comenta que estos dos factores son fundamentales.

La pasión te permite arrancar y te da la motivación para seguir en movimiento. El conocimiento te ayuda a crear productos de primer nivel. Productos que tus clientes comprarán.

Abdominales mejor que buen físico

Éste es uno de los secretos de Mike Geary. ¿Dónde posicionarse? ¿En fitness en general o buscar algo más específico?

El mercado del fitness es un mercado de una gran competencia. Tienes profesionales de todos los niveles peleando por la condición física de sus clientes.

¿Puedes hacer dinero? Seguro, pero es más complicado. Es más amplio y es más ambiguo.

Hay que bajar un escalón. Hay que encontrar algo dentro del fitness que segmente. Que sea más específico. Que sea demandado por un montón de gente.

Los abdominales son así. Funcionan. Todo el mundo quiere tener una barriga plana. Unos abdominales potentes.

Los abdominales son un mercado de nicho perfecto. Tiene las características necesarias. Muy específico y muy demandado.

Abdominales mucho mejor que buen físico. Nicho mucho mejor que mercado más amplio y menos definido.

Tres factores importantes: testar, testar, testar

Las cosas no son evidentes. Tampoco son rápidas. Para llegar, hay que probar. Probar, confundirse, corregir, probar de nuevo. Así, una y otra vez.

A veces, la diferencia entre algo que funciona y algo que no es un pequeño matiz. Los detalles son importantes.

Mike ha realizado miles de A/B tests. Tests que se realizan para analizar tu comunicación. Lanzas una campaña en Internet con un texto. Al mismo tiempo, lanzas otra con otro texto. Comparas y vas eliminando lo que no funciona.

Haces lo mismo con imágenes, con titulares,... Con todo lo que pueda tener incidencia en los resultados.

No asumes nada. Simplemente pruebas y ves qué elementos te dan mejor resultado. Te quedas con ellos y eliminas el resto.

Sin probar, testar y analizar, es difícil que consigas nada relevante.

La generosidad es una buena estrategia

Todos tenemos un alcance limitado. Llegamos hasta donde llegamos. Para llegar más lejos necesitamos algo de ayuda.

Internet es un mundo de afiliación. Un montón de afiliados se hacen con un buen producto y lo hacen llegar a todos sus contactos. Es una red que multiplica la posibilidad de un buen negocio.

El mundo offline no es distinto. Todo es distribución. Física u online, no importa. Al final, se trata de alguien que lleva tu producto a otras personas.

Offline u online todo funciona mejor con generosidad. Si los demás ganan, es más probable que tú ganes. Si los demás ganan más, es más probable que tú ganes más.

No es algo complicado, pero no todos lo ven así. Mike Geary fue uno de los primeros en ofrecer el 75% del ingreso a los afiliados. Fácil. Vendes y te llevas el 75%.

Seguro que estas cifras no son válidas para todos los mercados, pero hay que entender el concepto. Dale más a tus afiliados, a tus distribuidores. Recoge mucho más de ellos.

¿Darías el 75% a tus distribuidores si te entregasen un negocio de más de 10 millones de dólares anuales? Seguro que sí. El 75% o lo que fuese necesario.

¿Lo harías antes de saber el ingreso total que te pueden generar? Uhmmm... Ahí está la diferencia. Ahí es donde se hace el dinero.

Acompaña a tus clientes

"The Truth About Abs" es la web de Mike Geary. Es una Web sencilla. Nada especial.

La estrella de la Web es su e-book "The Truth About Abs". En él, recoge su sistema para transformar tu cuerpo y conseguir unos abdominales increíbles.

Lo interesante de todo esto es el precio del e-book. Puedes conseguir el libro por $39,95. Un precio alto, pero no lo suficiente como para ingresar más de 10 millones de dólares anuales después de comisiones.

Sí, ha vendido cientos de miles. Sí, lo han comprado en cientos de países. Pero tiene que haber algo más. Siempre hay algo más.

Hay algo más y es sencillo. No es ninguna fórmula secreta. Hay algo más y todos lo podemos hacer.

Todo empieza con un programa de 21 días por un precio por debajo de los 5$. Aquí, tienes las primeras pinceladas. Entras en contacto con el programa de Geary. Lo pruebas y sacas tus primeras conclusiones.

Garantía total para que todo funcione. Te gusta, sigues. No te gusta, no sigues. Sencillo.

Después del programa de 21 días y los primeros resultados recibes el paquete completo. Ya eres un cliente. Ahora, toca acompañarte y llevarte de la mano. ¿Necesitas algo más concreto? ¿Necesitas Coaching? ¿Necesitas programas más personales y más elaborados? ¿Quieres participar en grupos mastermind?...

Las posibilidades son innumerables. Lo único que tienes que hacer es acompañar a tus clientes. Cubre todas sus necesidades. En el primer momento, después y siempre. Ahí están las grandes cifras.

Alcanzar el nivel de Mike Geary no está al alcance de todos. No basta con seguir estos pasos. No es tan fácil.

Pero puedes aproximarte. Puedes intentarlo. Quizá, no llegues donde está él. Pero, si sigues sus recomendaciones, puedes empezar e ir avanzando.

El Secreto de Ellen´s Stardust Diner

Uno de los momentos más complicados es el inicio, cuando tienes que arrancar. No hay nada. Todo está en blanco. Después, das con algo y lo pones en el papel. A partir de ahí, las cosas son más fáciles. Tienes un punto de partida y puedes empezar a probar cosas.

Pasa con todo. También pasa con las ideas de negocio. Es complicado dar con una. Al menos, es complicado dar con una buena.

Dos maneras de hacerlo

Todo depende de cómo lo intentes. Puedes hacerlo de dos formas. Puedes buscar la idea. Mirar a tu alrededor. Ver lo que hacen los demás. Analizar lo que funciona y descartar el resto... Puedes hacerlo, pero es más difícil. ¿Por qué? Porque es algo anárquico. Le falta guion.

También puedes utilizar un método. Sí, hay métodos para buscar ideas. En realidad, hay cientos. Unos mejores que otros. Funcionan como patrones. Te muestran un camino. Luego depende de ti. De cómo los utilices. De cómo los desarrolles.

Ellen´s Stardust Diner es una gran idea de negocio. Utiliza un método. Un método que puedes replicar. Que puedes utilizar para desarrollar tus propias ideas.

Broadway

Si has tenido la oportunidad de pasear por Manhattan es probable que lo hayas visto. Ellen´s Stardust Diner es un restaurante situado en el corazón de Broadway (Broadway con la 51st).

Es uno de los restaurantes temáticos más famosos de la ciudad. Cocina típica americana, toque retro y un montón de recuerdos de los `50 por todas partes.

Seguro que todos esos elementos hacen que Ellen´s sea un gran sitio. Seguro que es un sitio que hay que visitar, pero no es suficiente. Por lo menos, no es suficiente para llegar a ser el lugar de culto en el que se ha convertido.

La magia de combinar cosas sencillas

Ellen´s es un sitio de referencia porque ha combinado dos mundos. Dos mundos distintos que tienen poco que ver.

Sus "singing waiters" son la gran atracción. Camareros que sirven un montón de comida americana y que se arrancan a cantar a la mínima oportunidad. Música y comida. Una combinación curiosa que funciona. Una combinación que ha hecho de Ellen´s un sitio único.

Todo tiene sentido. Broadway, el centro mundial del teatro. Aspirantes a estrellas de musical con ganas de abrirse camino. Un restaurante que quiere ser diferente. Lo combinas todo y "et voilá" ya lo tienes. Un gran negocio.

Ésa es la magia de combinar cosas sencillas. Cuando lo haces, surgen cosas distintas. Ideas interesantes.

Combinar elementos diferentes es un gran método para generar buenas ideas de negocio. Ellen´s Stardust Diner es un buen ejemplo. Coges dos mundos distintos, los pones juntos y pasan cosas. Generas ideas nuevas.

No todas funcionan. Es lógico, pero es un método fantástico para arrancar. Para poner cosas sobre el papel y empezar a probar, a desarrollar,... Luego, depende de ti, pero ya tienes por dónde empezar.

Cuando Miras de Forma diferente...

...puede pasar algo.

Las cosas son lo que son. Tienen una imagen, una apariencia. Cuando las miras, son cuadradas, redondas... O tienen un color particular. Su color.

Es difícil que cambien. No tienen porqué hacerlo. No tienen porqué hacerlo a menos que las mires de una manera diferente.

Tienen ángulos, sombras... tienen muchas más cosas. Muchas más cosas que sólo puedes ver cuando cambias el enfoque.

Es probable que conozcas "Weight Watchers". Es una de las compañías más conocidas en el mercado del sobrepeso.

Dietas, planes, bla, bla, bla. Todo conocido.

Una historia

Lo interesante de Weight Watchers es su historia. ¿Qué hay detrás? ¿Cómo se originó todo?

Jean Nidetch era un ama de casa de Nueva York con sobrepeso. En la década de los `60 era un problema habitual. Ella tenía sobrepeso. Su familia tenía sobrepeso. Sus amigas tenían sobrepeso...

Nidetch decidió hacer algo. Siguió una de las dietas del departamento de Salud de Nueva York. Dejó su adicción al chocolate y empezó a perder peso.

Meses después, había perdido cerca de 20 kilos.

Para celebrarlo, invitó a un grupo de amigas a tomar café. Les anunció los resultados y les desafió a hacer algo parecido.

Decidieron reunirse cada cierto tiempo para ver cómo les iba. Quién seguía el plan. Quién se quedaba descolgada.

Un negocio de siempre diferente

Jean empezó a entregar hojas de seguimiento a sus amigas. Allí podían reflejar lo que hacían y los resultados. Les animaba a seguir y cumplir los objetivos que tenían reflejados.

Las reuniones se fueron haciendo cada vez más masivas y Nidetch más popular.

Pronto encontró socios que vieron las posibilidades del negocio.

Con un plan escrito en una cocina, decidieron lanzar la nueva compañía. Ahí nació "Weight Watchers" (Vigilantes del Peso).

¿El modelo de negocio? ¿Dietas, planes de adelgazamiento? No exactamente. El modelo era distinto: reuniones semanales para inspirar, motivar y ayudar a la gente en su lucha contra el peso. Una entrada, una reunión, negocio.

Los planes no tenían demasiada importancia. Lo importante eran las reuniones.

¿Después? Historia. Vendieron la compañía. Dinero…

¿Por qué es interesante Weight Watchers?

Es interesante por cómo lo hicieron.

El mercado del sobrepeso, de las dietas, es un mercado viejo. Es un mercado saturado. Es un mercado donde es difícil hacer dinero.

Puedes trabajarlo de distintas maneras. Puedes centrarte en las dietas, los planes… O puedes mirar de una manera diferente.

Si te centras en las dietas, el negocio siempre es el mismo. Sólo cambia el producto. Un producto. Otro. ¿Tienes un gran producto? Tienes posibilidades. ¿Ha salido un producto mejor? El tema se complica.

Cuando miras de una manera diferente, el negocio es diferente. Cambias el negocio. Creas un negocio nuevo y te lo quedas.

Weight Watchers no vendía dietas, vendía reuniones. No vendía calorías, vendía inspiración y motivación para conseguir tus objetivos.

Por supuesto que todos quieren perder peso. Por supuesto que Weight Watchers te ayuda a conseguirlo. Pero lo hace de una manera diferente.

Puedes hacerlo con todo. Puedes hacerlo con todos los negocios. Puedes hacerlo con todas las situaciones.

Las cosas son lo que son, pero tú puedes hacer que sean de otra manera. Todo tiene que ver con la forma de mirar.

Caer Fuera Del Estándar

En 1992 me compré mi primer ordenador portátil. La verdad es que no sabía demasiado sobre el tema. Hasta ese momento, siempre había trabajado con los ordenadores de sobremesa de la oficina. Todos PCs y todos con las primeras versiones de Windows.

Un compañero de trabajo me habló del McIntosh de Apple. Tenía una pinta estupenda. Jugué con él durante unos días y me convenció. Sólo un problema. "Cae fuera del estándar". Es diferente. Problemas de compatibilidad, formatos,...

¡Uhmmm...! Da lo mismo. A la semana siguiente, ya tenía mi Powerbook 145 de Apple.

Es bonito

Steve Jobs siempre ha comentado que las clases de tipografía que tomó durante algún tiempo en la universidad fueron importantes para él. Seguramente, fue el motivo por el que incluyó en sus ordenadores fuentes que hasta ese momento no se habían utilizado en el mundo de la informática.

Estoy seguro de que sus clases de tipografía fueron mucho más allá. Es muy probable que esas clases de tipografía influyeran en su manera de ver el mundo, en la necesidad de incorporar el diseño en todo lo que hacía. El diseño es importante. El diseño es un elemento imprescindible en cualquier producto. Un producto sin diseño no es un producto. Es otra cosa.

En 1992, los ordenadores no eran como los de ahora. Los portátiles tampoco. Por lo general, eran de color negro y tenían una forma y tamaño parecido. Mi Powerbook 145 no tenía nada que ver con el resto. Era gris con unas líneas en relieve. Tenía unas ruedecillas divertidas para darle inclinación. El teclado resultaba agradable al tacto. Al lado de otros ordenadores sobresalía. No tenía nada que ver. ¿Por qué las cosas no pueden ser funcionales y bonitas?

Es fácil

En el inicio, las pantallas de ordenador eran absolutamente negras. Si querías que aquello funcionase, tenías que teclear cosas extrañas para que el ordenador te entendiese. Luego, todo fue evolucionando. Poco a poco fueron desapareciendo los comandos y apareciendo los iconos.

El sistema Windows de Microsoft fue uno de los primeros intentos. Realmente no era un sistema operativo. Funcionaba como una interfaz gráfica del MS2. Daba lo mismo, aunque la pantalla era negra, no se podía arrastrar nada y no ofrecía grandes posibilidades, nos parecía increíble comparado con lo que había hasta el momento.

¿Apple? Apple era otra cosa. El Powerbook 145 llevaba instalado el sistema operativo 7. El nombre importa poco. Lo importante es lo que hacía. El escritorio era realmente un escritorio (blanco por defecto- adiós al negro). Todo estaba lleno de iconos con un diseño fantástico que se entendían perfectamente (archivos, carpetas, papelera,...). Y podías arrastrar. Eso era lo más increíble. Podías arrastrar por todo el escritorio y llevar tus archivos y carpetas donde te diera la gana sin tener que seguir ninguna ruta ni teclear nada. Todo resultaba fácil. Era exageradamente fácil e intuitivo. El usuario sólo tenía que utilizar el sentido común para moverse por el ordenador.

Es diferente

Mi Powerbook 145 era distinto al resto. Diferente. Todos los productos de Apple lo son. Tienen tantas cosas que les separan de los demás que parece que están en otro momento del tiempo.

Muchos pueden pensar (yo lo hacía) que el hecho de "caer fuera del estándar" puede ser un problema. Que puede plantear algunas dificultades. Que puede hacerlo más incómodo en algún momento. No es así.

El hecho de "caer fuera del estándar" es precisamente lo que hace que las cosas vayan más rápidas. Que corramos más. Que compañías como Apple nos adelanten el futuro.

El "estándar" puede ser mucho más seguro, pero allí pasan menos cosas. Al menos, pasan cosas mucho menos divertidas.

Apple fabrica productos bonitos, fáciles y diferentes. Lo hace porque es una gran compañía. Afortunadamente, hay más. También "caen fuera del estándar" y nos permiten disfrutar de sus grandes productos.

De Apple se ha dicho todo. Queda poco por comentar. Sólo agradecerle a todos los Steve Jobs de este mundo su trabajo y agradecerles, también, el deseo de que todo el mundo "stay hungry, stay foolish".

Tirarse Pedos Es Un Negocio

Hay dos clases de promoción: la promoción que monta una historia alrededor del producto y el producto que cuenta su propia historia.

La primera es la más utilizada. Hay un producto. Hay una agencia. Ésta crea una historia alrededor del producto que habla de sus bondades. Compras espacio publicitario en los medios. Lanzas la campaña. En muchas ocasiones da resultado.

La segunda es algo diferente. Hay un producto distinto. Eso es todo. No necesitas nada más. El producto cuenta su historia. Es una historia impactante, notoria y diferente. A partir de ahí, todo se mueve a velocidad de vértigo. El mensaje se despliega y llega a todos los sitios. Esta fórmula da resultado siempre.

Joel Comm es un tipo listo. Es un clásico de Internet. Ha desarrollado todo tipo de iniciativas con éxito.

Uno de sus productos más conocidos es iFart. ¿Qué es? El nombre del producto viene a significar algo así como "Yo me tiro pedos". iFart es una aplicación para el iPhone que reproduce el sonido de distintas ventosidades.

¿Raro? ¿Asqueroso? Es posible. Joel Comm ha superado todas estas etiquetas y ha conseguido que su aplicación se descargue más de 500.000 veces.

¿Negocio? Con un precio cercano al dólar... Haz los cálculos. ¿Cuáles son las principales claves del éxito?

1.- Producto rompedor. iFart es una aplicación para pasarlo bien con tu iPhone. Rompe esquemas. Seguro que no es para todos. Seguro que hay muchos a los que les parecerá repugnante. Seguro que no deja indiferente a nadie.

2.- Calidad Superior. Sí, en este tipo de productos también hay que dar calidad. Si quieres alejar a la competencia tienes que llegar antes y ser mejor que ellos. iFart ofrece un montón de funcionalidades: graba un pedo, envía un pedo a un amigo, comunidad de pedos,... Estas características le hacen ser la aplicación más vendida muy por encima del resto.

3.- Noticia atractiva. Independientemente de su naturaleza, iFart es en sí mismo una noticia atractiva. A la gente le gusta ver, leer,... este tipo de noticias. Disfrutan consumiéndolas y posicionándose a favor o en contra. Da lo mismo. El objetivo ya se ha cumplido y el mensaje ha llegado a todo el mundo. iFart apareció en la NBC, CNN Money, Today Show, Washington Post, Wired Magazine,...

iFart es un ejemplo de la forma de promoción en la que el producto cuenta su historia. Aquí no necesitas nada más. El producto tiene la suficiente fuerza como para llegar a todos los sitios por él mismo. No necesita que nadie le invente nada alrededor.

iFart puede ser un ejemplo extremo. Da lo mismo. Funciona con todos. Crea productos o servicios que tengan esta fortaleza. Que tengan personalidad. Que cuenten sus propias historias. Así son los productos ganadores.

Una Apuesta Arriesgada

Siempre hay varias formas de hacer las cosas. Unas son más arriesgadas que otras.

Cuando optas por la vía tradicional, conoces el terreno. Te sientes más seguro. También, tiene sus contras. Es difícil que llegues más lejos. No puedes esperar grandes sorpresas.

Luego hay fórmulas menos convencionales. Las que se salen de la norma. Aquí las cosas son diferentes. Estás en terreno por explorar. Todo es excitante y nuevo. Los resultados no son previsibles.

Harimaya

Harimaya es una compañía japonesa que vende galletas. El negocio les ha ido bien. Ahora, ha decidido devolverle al mundo parte de lo que el mundo le ha entregado.

Free Café es su apuesta. Una cadena de cafeterías en Japón. Una cadena de cafeterías algo diferentes. GRATIS

La idea es sencilla. Cafeterías con un toque occidental y café y galletitas gratis. Café y galletitas gratis para todos los que pasen por allí.

¡Ah! Si te gustan, te las llevas. Eso ya es de pago. Puedes comprar las galletas que te gusten más, pero no tienes ninguna obligación.

Gratis es una palabra importante

Sí, es una palabra con mucha fuerza. Una palabra que genera millones de consultas en los buscadores. Una palabra con capacidad para movilizar. Una palabra atractiva.

Si haces cosas gratis, está bien. Es notorio. No puede pasar desapercibido. Gratis y calidad. Es una locura. Te aseguras la repercusión en los medios. La repercusión en general. A la gente le gusta hablar de estas cosas. Yo lo estoy haciendo aquí.

Además, si le das un toque social, mejoras la fórmula. Devolver parte de lo que me habéis entregado... Por un orden mejor... En busca de...

¿Es suficiente?

Las marcas salen reforzadas. Estas estrategias les aportan valores interesantes. Mejoran ante los ojos de su mercado. Son más grandes.

¿Es suficiente? Quién sabe. Ésa es la parte del riesgo. La parte de la novedad.

Al final, el negocio es lo que es. Ingresos. Cualquier estrategia que te permita vender más de forma ética, es buena.

Este tipo de estrategias son interesantes. Pero son peligrosas. ¿Mejoran la imagen de tu compañía? Seguro. ¿La mejoran lo suficiente como para compensar el esfuerzo? Eso es más difícil. Medir estas acciones resulta complicado. No hay una relación directa.

Las intenciones son buenas, pero los resultados son números. Todo pasa por ahí.

Harimaya sabe que tiene que hacer sus números. Sabe que tiene que analizar el resultado de su arriesgada apuesta. Pero también sabe que sin riesgo no hay negocio.

Aprende a Fracasar Como Apple

Apple es un número uno. Steve Jobs la creó y su genio y el de todos los que han colaborado con Apple la han convertido en una especie de leyenda.

Hay muchas teorías. Muchas explicaciones sobre su éxito.

La explicación estratégica. La innovación puede ser una de las claves. Apple va por delante de los demás. Ve lo que no ven los demás. Les saca dos cuerpos de distancia.

La explicación sexy. El diseño. El diseño es importante. Apple lo ha incorporado desde siempre. Desde el inicio. Sus primeros ordenadores eran raros. Eran distintos. No se parecían a nada. Eran Apple y el diseño formaba parte de ellos.

Éstas son las teorías tradicionales. Las que maneja todo el mundo. Seguro que son una parte fundamental del éxito de Apple.

Creo que hay más teorías. Algunas son diferentes, pero aportan cosas.

Algunos datos

El Apple Lisa fue una de las grandes apuestas de Apple en la década de los `80. Lisa incorporaba una interfaz gráfica de usuario, un sistema operativo multitarea, uno de los primeros ratones,...

En 1996, Apple adquirió Next. La compañía de informática también había sido fundada por Steve Jobs unos años antes. Una de las características más atractivas de Next era el innovador sistema operativo con el que equipaba a sus ordenadores...

Apple se introdujo por primera vez en el mundo de la telefonía móvil con el "Original Music Phone". El Music Phone fue un proyecto desarrollado con Motorola. Un teléfono desarrollado principalmente para reproducciones musicales...

Algunas coincidencias

El Apple Lisa fue uno de los fracasos más importantes en la historia de Apple. El precio del ordenador era muy elevado y su mercado potencial (negocios) optó por otras alternativas más baratas.

En su aventura en solitario, Next nunca consiguió consolidarse. Sus ventas nunca despegaron y nunca tuvo una participación significativa en el mercado.

La colaboración entre Apple y Motorola, el Music Phone, no dio buenos resultados. Las expectativas que había levantado eran enormes, pero los resultados no estuvieron a la altura.

Algunos resultados

El fracaso del Apple Lisa fue el punto de partida para uno de los grandes éxitos de la compañía de la manzana. El Macintosh. Este nuevo proyecto incorporó muchos de los elementos del Lisa.

La tecnología de Next no tuvo mucho éxito por separado, pero se ha convertido en pieza fundamental en los últimos ordenadores de Apple.

El Music Phone no funcionó, pero sin el Music Phone es difícil que el iPhone hubiese visto la luz. O que el iPhone hubiese llegado a ser lo que es en la actualidad. La mayoría de las características del Music Phone están presentes en el iPhone.

Todos los fracasos de Apple han sido una pieza fundamental de sus éxitos. Es difícil imaginar los resultados de Apple si su historia hubiese sido diferente.

Algunas ideas

¿El fracaso? El fracaso es lo que tú quieras que sea. Puede ser el final. Puede ser el punto a partir del cual no sigas. Depende de tu confianza. De lo que creas en tu proyecto y de las ganas de desarrollarlo.

Pero también puede ser el principio. El principio de un nuevo proyecto que incorpore la experiencia. Todo lo que has aprendido. Al final, todo depende. Depende de ti.

¿Las ideas? Las ideas pueden ser buenas, pero no son nada, realmente, hasta que se materializan. Hay materializaciones malas y hay materializaciones buenas.

Afortunadamente, una idea puede tener muchas materializaciones. Aprende de las malas materializaciones. Deséchalas y busca las buenas.

Apple es lo que es por muchas cosas: la innovación, el diseño,... Pero también es lo que es por sus fracasos. Sin sus fracasos, no se pueden comprender sus éxitos. Sin sus fracasos, es probable que Apple no fuese hoy la compañía de leyenda que es.

5 Pasos para crear una Tendencia

¿Sabes qué tienes que hacer para crear una tendencia? ¿Cuáles son los pasos que tienes que dar para que un grupo de personas se unan y se muevan en la misma dirección?

No he resistido la tentación de poner en el blog el famoso video de Derek Sivers.

Si quieres saber cómo hacerlo, sólo tienes que teclear "how to start a movement Derek Sivers" en YouTube y podrás ver uno de los videos más populares de la plataforma y una de las mejores y más divertidas explicaciones sobre cómo iniciar una tendencia.

En resumen, los elementos que Sivers apunta para promover cualquier tendencia son:

1.- Un Líder: es necesario un líder que se atreva a hacer cosas distintas. El líder debe tener el valor de ponerse delante del mundo y ser diferente. No tiene miedo al qué dirán. La clave consiste en hacer algo distinto y que la gente te pueda seguir fácilmente.

2.- El primer seguidor: es la pieza clave en cualquier tendencia. Sin el primer seguidor no es posible construir nada. Tiene casi tanto valor como el líder y es el puente entre el líder y los que le seguirán. Anima a los demás a unirse al grupo.

3.- El segundo seguidor: ahora son dos los que siguen al líder. La llegada del segundo seguidor confirma que lo que se está haciendo tiene repercusión. Empiezan a ser conocidos.

4.- Grupo intermedio: con la incipiente popularidad se despierta el interés de los demás. Un grupo nutrido decide unirse a la panda inicial. Ya tienen entidad. Se les presta atención y, cada vez más, la gente va sintiéndose identificada.

5.- Explosión: el grupo empieza a crecer de manera exponencial. Los parámetros se han invertido. En el inicio, el líder hacía cosas distintas y podía parecer ridículo. Ahora, eres tú el que puede parecer ridículo si no te unes al grupo. Todos corren para ocupar su plaza. La tendencia se ha creado.

Para crear cualquier tendencia, necesitas dos elementos: ser líder y tener seguidores. No te bastará con tus habilidades. Si no tienes seguidores, no habrá tendencia.

Recomendación: cuida a tus seguidores, especialmente a los primeros, tanto como puedas. Ellos son los que moverán a los demás a unirse al grupo. Ellos son los que posibilitan las tendencias.

¿Por Qué El Resultado Es Imbatible?

"Veni, vidi, vici" podría ser una buena manera de definir la historia de Google. Una compañía que llegó tarde a la explosión de buscadores y directorios y que le bastó un par de años para hacerse con el mercado.

Seguramente, las virtudes de Google son muchas, pero éste no es un artículo sobre Google. Éste es un artículo sobre resultados y ahí Google es la referencia a seguir.

Antes de Google

Una de las razones que explican el éxito de Google es su manera de entender el marketing. Hasta Google, era de una manera. Preparabas un presupuesto. Elegías los medios de comunicación. Colocabas tu mensaje.

¿Después? Después a esperar. A esperar que el presupuesto fuese el adecuado. Que los medios de comunicación fuesen los adecuados. Que el mensaje fuese el adecuado.

Si todo cuadraba, bingoooo.... lo habías conseguido. Tenías una respuesta que podía ser más o menos relevante. Asumías que el resultado tenía una relación directa con tus acciones y ponías en relación lo gastado con lo obtenido. Si las cuentas salían, repetías la acción con la esperanza de conseguir los mismos resultados.

Ése era el lado amable de tus acciones de marketing. Pero hay otro lado. El malo. El lado en el que las cosas no salen. El lado en el que esperas que pase algo y no pasa nada.

Después de Google

Después de Google las cosas son distintas. Hay muchos que siguen haciendo lo mismo. Siguen invirtiendo sus presupuestos de marketing con la esperanza de que pasen cosas. Pero hay otras alternativas.

Google lanzó Adwords y cambió la manera de entender el marketing. Su sistema es un sistema de pago por resultados. ¿Cómo funciona? A estas alturas es un tema conocido. Básicamente, consiste en un sistema que subasta los clicks que genera. Si ofreces un precio alto, el sistema coloca tu anuncio de texto en las posiciones susceptibles de generar más clicks. Si tu oferta es algo menos generosa, no pasa nada. Podrás conseguir tus clicks, pero te costará algo más porque la posición de tu anuncio no será la mejor.

La magia del sistema es que, en cualquier caso, consigues tus clicks. Es decir, defines un presupuesto, realizas tu puja, salen tus enlaces de texto y consigues el número exacto de clicks que tenías previsto. No hay riesgo ninguno. No hay que esperar nada. No hay que cruzar los dedos. Simplemente hay que planificar, invertir y gestionar.

Google hace su trabajo, te proporciona los clicks y, a partir de ahí, empieza el tuyo. A partir de ahí, tendrás que saber qué tienes que hacer con el tráfico que recibes, cómo les tratas, qué información les tienes que ofrecer, dónde les tienes que dirigir,... lo que sea. A partir de ahí, es tu responsabilidad. Google ya ha cumplido entregándote los resultados.

El resultado es imbatible

Google ha triunfado porque entrega resultados. No entrega esperanza. No entrega probabilidades. Entrega algo que se puede medir, que se puede cuantificar.

Los resultados son imbatibles por eso, porque cambian incertidumbre por seguridad. Eso es lo que le pides a tu marketing. Cuanta más seguridad, mejor.

Google no ha sido la primera compañía que ofrece sus servicios con la garantía de los resultados, pero ha sido la que le ha devuelto a los resultados el protagonismo absoluto que se merecen.

Las crisis nunca son buenas para nadie, pero afectan más o menos según quién. Las compañías que venden probabilidades de éxito sufren más. Es lógico, porque en la "probabilidad de éxito" cabe la "probabilidad de fracaso".

Las compañías que venden resultados no tienen crisis. No pueden tenerla, porque en la "seguridad del resultado" no cabe nada más.

La Estrategia Del Corredor De Fondo

Si eres corredor lo sabes. Hay veces que la distancia se hace muy larga. Levantas la cabeza, ves lo que te falta y las sensaciones no son las mejores. Demasiado por delante. Puede ser agotador.

Con los objetivos pasa algo parecido. A veces son demasiado exigentes. Los fijas muy lejos. Es lo que hay que hacer, pero se hace demasiado largo. Demasiado difícil.

La trampa de los objetivos

Los objetivos deben ser ambiciosos. Cuando fijes los objetivos de tu negocio, tienes que recordar esta máxima. Es lo que dicen los libros. Es lo que te enseñan en las escuelas de negocio. Si quieres aspirar a algo, tienes que ser agresivo.

Hay una frase bonita de Michelangelo Buenarroti que dice algo así: "El problema no es fijar unos objetivos muy altos y fallar. El problema es fijarlos muy bajos y alcanzarlos".

Seguro que es así. Si tus objetivos no son exigentes, es probable que caigas en la autocomplacencia. Es así, pero hay que tener cuidado. Los objetivos exigentes hay que saber gestionarlos.

No vale todo. No vale ser agresivo y ya está. Hay que tener medida. Hay que ser ambicioso, pero hay límites. Si los superas, corres el riesgo de desfondarte. Corres el riesgo de quedarte por el camino.

¿Qué hacen los corredores?

Si has participado en algunas carreras, has tenido este tipo de sensaciones. Llevas unos cuantos kilómetros en tus piernas. Llevas buen ritmo, pero empiezas a estar cansado. Todavía queda bastante. Tienes que tomar decisiones.

Bajas el ritmo. Ésa es la primera decisión. El tiempo empieza a importar menos. Quieres llegar. Llegar es más importante que intentar llegar antes y quedarte por el camino.

Puedes hacer más cosas. Puedes dejar de pensar en la meta y empezar a pensar en puntos del itinerario. Pensar en la meta es agotador. Hay veces que ayuda dividirlo todo y empezar por partes. Primero una, después otra,... El sistema funciona. Recuperas piernas y vas cumpliendo etapas.

Tus objetivos marcan tus aspiraciones, pero tu manera de gestionarlos determina tus resultados. Fija objetivos que puedas gestionar. Los otros, por muy ambiciosos que sean, no sirven de mucho.

Cómo Conseguir Objetivos

¿Cómo puedo conseguir mis objetivos? Ésta es una de las preguntas que oigo constantemente. ¿Cómo puedo hacerlo?

Seguramente, es uno de los temas sobre los que más se ha escrito. Sólo tienes que pasarte por cualquier librería. Échale un ojo a la sección de desarrollo personal. Vas a encontrar unos cuantos libros. Algunos buenos.

Cuando me hacen esta pregunta siempre contesto lo mismo. Siempre contesto con una historia.

La reunión

La situación es ésta. Estás en la reunión anual de directivos de tu compañía. Cuando trabajas en una multinacional, sueles tener este tipo de reuniones. No fallan. Tienen un poquito de todo. Un poco de esto. Un poco de aquello.

Por las mañanas, presentaciones. Se intentan contar cosas interesantes. Poner a todos en la misma página. Números, pasado, números, futuro, números,... Si tienes suerte, un poco de diversión por la tarde.

El presidente

En una de las mañanas en las que se intentan contar cosas interesantes, llega el turno del presidente. Los presidentes se reservan los temas importantes.

Es una de las leyes de la comunicación interna en las empresas. Si hay algo importante que contar, que lo haga el presidente. Es la mejor manera de que todos entiendan la dimensión del mensaje. Si lo hace el presidente, hay que prestar atención.

El presidente llega y cuenta. Cuenta que el año ha sido... Que la compañía ha hecho un esfuerzo importante en... Que el futuro es...

El presidente cuenta todo esto y luego dice que el grupo ha hecho una apuesta estratégica. Han creado un producto increíble. Un gran producto.

¿El año próximo? El año próximo hay que centrarse ahí. En vender ese producto.

Los objetivos

El producto tiene muy buena pinta. Hay que poner foco. Hay que venderlo. ¿Cuánto hay que vender? ¿Cuánto hay que esforzarse?

Mucho. Ésa es la idea. Es lo que transmite el presidente. No vamos a ponernos números que nos limiten. Vamos a eliminar cualquier restricción. Hay que ir a por todas. El producto lo merece.

¿Cuánto es mucho? Mucho es mucho. Mucho es todo lo que puedas. Ésa es la estrategia.

El año siguiente

Pasa un año y se repite la misma reunión de directivos. La parafernalia es la misma. Mañanas, tardes, bla, bla, bla,...

Llegan las presentaciones y llega el turno del presidente. Él siempre da el mensaje importante.

Vuelve a hablar de la gran apuesta estratégica del grupo. El tono es distinto. Ha pasado un año. Los resultados no han sido los mejores. ¿Por qué? Porque no se ha vendido mucho. Se ha vendido, pero no se ha vendido mucho. Mucho era el objetivo.

Este año no ha podido ser. Va a ser el siguiente. Tiene que serlo. Tenemos experiencia y estamos concienciados. Este año vamos a conseguir los objetivos.

¿Cuáles son? La estrategia no ha cambiado. Seguimos sin limitaciones. Queremos vender mucho. Fuera las restricciones.

El fin de la historia

Le puedes añadir a la historia tantos años como quieras, pero la situación no será diferente. Siempre habrá un sentimiento de frustración. Siempre quedarás por debajo de las expectativas. ¿La razón? No conoces las expectativas.

Mucho es mucho, pero no es nada. No se puede ver, no se puede contar, no se puede seguir. No se puede exigir.

Ésta es una historia real. Una historia que se repite en demasiadas ocasiones en demasiadas compañías.

¿Cómo conseguir objetivos? La regla, la primera regla, es concretándolos. ¿Estúpido? Seguramente, pero es así. No parece complicado, pero hay que hacerlo.

Para conseguir objetivos, hay que concretarlos. Es la forma de hacerlos visibles a todos. Si no los ves no existen.

Luego, hay que escribirlos en letra mayúscula y colocarlos delante de tus narices. Así, cuando te despistes, siempre tendrás un cartel que te recuerde qué es lo que tienes que hacer.

¿Quién es Frank Howser?

Es probable que nunca hayas oído hablar de él. Jay Abraham cuenta su historia en uno de sus libros.

Frank era una especie de decorador que diseñaba y construía stands de feria. En cierta ocasión se le acercaron un par de jóvenes para proponerle un trato. Querían que Frank les construyese algo atractivo para la feria en la que habían planeado presentar sus productos.

Los jóvenes eran dos emprendedores que estaban arrancando su pequeño start up. No tenían demasiados recursos y propusieron pagar el stand con acciones de su recién creada compañía.

Frank no lo vio claro y rechazo el trabajo. Los dos jóvenes eran Steve Jobs y Steve Wozniak. La compañía era Apple Computers.

Lo tradicional no siempre funciona

Frank tuvo dudas. Dos chavales jóvenes. Una compañía que empieza y acciones. No estaba demasiado claro. Demasiada apuesta. Demasiada desconfianza.

Mucho mejor los tratos tradicionales. Aquí tienes tu stand. Aquí tienes tu dinero. Limpio. Como siempre. Sin experimentos que ponen en riesgo tu esfuerzo.

Así es más fácil. También es más cómodo. Quizá los resultados no tienen porqué ser los mejores. Pero da lo mismo. Estás más tranquilo.

Muchos pensarán como Frank. Muchos verán demasiado riesgo en esa operación. Muchos prefieren la seguridad de lo tradicional, pero lo tradicional no siempre funciona.

Las oportunidades extraordinarias se presentan de forma extraordinaria

Es así. Lo realmente extraordinario sigue otras pautas. No tiene un guion establecido. Se sale de la norma. ¿Por qué? Sencillamente, porque es extraordinario. Si no lo fuese, seguiría los patrones tradicionales. Patrones reconocibles. Seguros, pero menos interesantes.

Sí, es más complicado reconocer ese tipo de oportunidades. En eso consiste el juego. En encontrar oportunidades increíbles. Lamentablemente, no llevan un letrero colgando que dice "oportunidad del siglo". Pero todas tienen una característica común. No se parecen en nada a las normales. Es una buena pista. Es un buen punto de partida.

Frank tomó su decisión. Compró su tranquilidad. Apostó por lo ortodoxo. Evito la ansiedad y dejó pasar la oportunidad de hacerse asquerosamente rico.

¿Sufres Capitanitis En Tu Empresa?

El 13 de enero de 1982, el vuelo 90 de la línea aérea Air Florida esperaba en el Aeropuerto Nacional de Washington en Arlington.

Tenía que haber realizado una parada corta y haber reanudado su vuelo de vuelta a Fort Lauderdale. Los planes cambiaron a causa de una nevada.

El aeropuerto se cerró y el avión permaneció parado hasta que el aeropuerto se abrió de nuevo al tráfico aéreo.

Cuando esperaban para entrar en pista de despegue, el copiloto le comentó al capitán que sería una buena idea revisar las alas. Una nueva revisión para confirmar que no quedaba rastro de hielo.

El capitán desestimó la idea. Ya les habían quitado el hielo unos minutos antes y, ahora, estaban a punto de iniciar el despegue. No tenían tiempo que perder. El copiloto aceptó la respuesta.

El vuelo 90 entró en pista. Aceleró sus motores y despegó. El Boeing sólo pudo alcanzar unos cuantos metros de altura. Treinta segundos más tarde se estrellaba contra el puente de la calle 14 sobre el río Potomac. 77 personas murieron en el accidente.

Capitanitis

Es el efecto que se produce cuando la tripulación no cuestiona las decisiones del capitán. Éste da una orden y la tripulación la ejecuta. No se discute si la orden es correcta o no, simplemente se acepta.

Es un efecto típico de las líneas aéreas o de cualquier otro entorno donde hay una relación de jerarquía y experiencia.

La Capitanitis fue una de las causas del accidente del vuelo 90 de Air Florida y se ha detectado su presencia en otros desastres aéreos.

Mucho más que un problema de aviones

Es fácil encontrar ejemplos de Capitanitis por todas partes. Sólo tienes que mirar a tu alrededor. A lo mejor, sólo tienes que mirar en tu compañía para encontrar un gran ejemplo.

La jerarquía y la experiencia pueden ser una combinación explosiva cuando anula el juicio de los demás. Puede ser tan poderosa que convence a las personas de cosas increíbles. Les hace hacer lo que nunca harían. Simplemente, porque lo dice alguien con más autoridad o más experiencia.

¿Cuál es el remedio?

¿Identificarla? Es difícil. Es difícil reconocer si hay Capitanitis o si tu gente acepta y pone en funcionamiento las decisiones porque las comparten plenamente.

Si esperas identificar la situación para tomar alguna medida, tendrás problemas. Puedes actuar demasiado tarde. Puedes estrellar tu compañía.

Lo mejor es prevenir. Tiene sentido. Adelantarse a la situación. Poner los mecanismos para que no se produzca.

No es demasiado complicado. Sólo es una cuestión de voluntad. Reconocer que la experiencia y la jerarquía a veces fallan. Que a veces se necesita algo más. Que está bien que alguien nos diga qué le parece una decisión importante.

¿El remedio? Pide opinión. Institucionaliza la opinión sobre los temas trascendentales. No aceptes el silencio. Es cómodo, pero no es rentable.

Los Números Hablan

Los números son una gran fuente de información. Cuando sabes cómo utilizarlos, te pueden facilitar las cosas. Te pueden señalar el camino más adecuado. Todo depende de cómo los trates.

Está el grupo de los emprendedores intuitivos. No les gustan los números. No se sienten cómodos. Ponen el entusiasmo siempre por delante. Es atractivo. Es mucho más divertido hablar de pasiones e ideales que controlarlo todo con números. Cuantos menos números más intuición. Cuantos menos números más creatividad.

Hay otro grupo. Estos piensan que los números son mágicos. Que en ellos está la verdad de todo. Los acumulan. Los estudian. Hacen todo tipo de combinaciones. Les pasan la responsabilidad. Les entregan las decisiones. Esperan encontrar todas las respuestas.

No creo que ninguna de estas posiciones sea la más adecuada. Están en los extremos. No suelen funcionar.

¿Qué son los números?

Supongo que hay muchas definiciones. Yo pienso que son la materialización de conceptos más abstractos. Más difíciles.

Cuando ves un número, imaginas algo más concreto. Le pones cara, ojos, nombre y apellidos. Lo puedes tocar. Lo puedes ver. Dimensionas tu realidad a través de tus números. Mides lo que te rodea y entiendes mejor tu entorno. Mejoras tu conocimiento.

¿Por qué los necesitas?

Hay mucha información, pero no toda es válida. Los números te dan información sobre la que puedes actuar. Te ayudan a ver, entender, medir y comparar. Luego decides. Se puede decidir sin ellos, pero con ellos se decide mejor.

¡Ah! Los números te dan luz, pero sin números no estás a oscuras. No te bloquees. Hay cosas que no tienen números. Si no tienen, no tienen. No te inventes un algoritmo complejo para justificar algo que tiene una naturaleza diferente. Mídelo de otra manera.

No todos los números son iguales

Cuando los conoces, te pueden sorprender. Empiezas a entenderlos y a sacarles un partido increíble. Es un mundo nuevo lleno de posibilidades. Corres el riesgo de empacharte y caer en el exceso. De llenar de números tu negocio, tu gestión y tu vida.

Antes de hacerlo, recuerda porqué los necesitas: para incrementar tu conocimiento y tomar mejores decisiones. ¿Todos te aportan lo mismo? ¿Están al mismo nivel? Me da la sensación de que no es así.

Hay números críticos y números divertidos. Los primeros te ayudan a progresar, a hacer que las cosas se muevan. Los segundos te entretienen. Están bien, pero no te aportan demasiado.

La vida es demasiado corta como para centrarse en lo que no es relevante. Olvídate de los números que no aportan demasiado y trabaja con los que te hacen mejorar. Con los que te empujan hacia delante.

Los números están ahí para ayudarnos. A veces no sabemos qué hacer con ellos. No pasa nada. No importa. Si les das el tiempo suficiente, empezarás a oírles hablar. Dicen cosas interesantes de ti y de tu negocio.

¿Tiene Razón La Ardilla?

Hay un dicho que dice algo así como "lo que no se puede medir no se puede gestionar". Probablemente sea cierto. Si quieres saber cómo van las cosas, hay que intentar contarlas, medirlas, dimensionarlas,...

¿Por qué? Bueno... porque es la única forma de poder compararlas. Compararlas con nuestras expectativas, nuestras previsiones. Compararlas con el pasado. Conocer su progresión. Compararlas con lo que están haciendo otros. Entender nuestra posición frente a la competencia...

Medir tiene sentido, pero hay que tener cuidado.

La ardilla y la influencia

El otro día hice retweet de un artículo que hablaba de una ardilla. Eso no es noticia. Es mucho más interesante saber que esa ardilla tiene (o tenía) un "Klout" muy alto.

Klout es uno de los indicadores más populares a la hora de medir tu influencia en Twitter. ¿Qué significa esto? Bueno…la ardilla, según Klout, es un personaje que tiene una gran capacidad para influir sobre los demás en Twitter.

No sorprende. Si pones "common squirrel" (ardilla común) en el buscador de Twitter y presionas enter, lo puedes comprobar. @commonsquirrel tiene más de 40.000 seguidores en Twitter.

Con ese número de seguidores su alcance es increíble. Con Tweets tan interesantes como:

Common_squirrel: run run (corre corre)

Common_squirrel: dig (cava)

Y sus variaciones

Common_squirrel: run run run run run

Common_squirrel: dig dig dig dig

…tiene sentido que un usuario como la ardilla tenga una influencia tan determinante sobre otros muchos según Klout.

Medir Sí, pero…

No voy a decir que no hay que medir. Sencillamente, si no mides no sabes dónde estás. Pero hay que tener mucho cuidado con la forma en la que mides.

Primero, tiendes a situarte en los extremos. O no mides nada y vas a la deriva. O sientes la necesidad de medirlo todo y tienes más información de la que necesitas.

En segundo lugar, tu sistema de medida es probable que no sea tan bueno como te gustaría. Todo no se mide de la misma manera. Hay medidas directas y otras que no lo son. Cuando utilizas la misma filosofía para medir todo, puedes tener problemas.

Éste no es un mundo de ardillas

Está bien tener ardillas con una capacidad de influencia tan alta. Es simpático. La gente sigue este tipo de situaciones. Les parecen divertidas. Se entretienen. ¿Tiene mucho que ver con la influencia? Seguramente no, pero hay un indicador. Lo sigues. Al final es cómodo. Te da un dato y formas una opinión.

Puede ser sencillo, pero no funciona. Las ardillas no tienen influencia. Por lo menos no deberían tenerla en una red social. Además, sus comentarios no son interesantes. ¿Graciosos? Sí, seguro. ¿Interesantes? No lo creo.

Es importante que midas lo que merece la pena medir. No midas más. No midas menos. Enfócate en lo importante. Eso sí que tiene interés.

Si encuentras una medida directa, ¡enhorabuena! Si no das con ella, busca otras fórmulas que te puedan ayudar. Recuerda que el objetivo no es medir. El objetivo es entender dónde estás.

Con cualquiera de las dos fórmulas ten cuidado. Busca el sentido de las cosas. Si no lo tienen, cambia de fórmula. Busca otra.

Éste no es un texto de ardillas. Tampoco es un texto de redes sociales. Es un texto de gestión. Un texto de medidas. Mide qué haces, dónde estás. Mide todo lo que merece la pena, pero ten cuidado con tu forma de medir. Cuestiónala. Hay veces que falla.

Toda La Verdad Sobre La Publicidad

La mayoría de la gente contesta lo mismo. Cuando les preguntas para qué sirve la publicidad, dudan un momento y enseguida se lanzan. La publicidad te coloca en el mundo. La publicidad te da a conocer. La publicidad mejora la imagen de marca. La publicidad te ayuda a difundir tu mensaje. La publicidad...

Aunque parezca raro, la publicidad tiene poco que ver con todo eso. El único objetivo de la publicidad es vender más a más gente a un precio más alto. Son palabras de Sergio Zyman, vicepresidente de marketing de Coca-Cola durante muchos años.

Las palabras de Zyman son fantásticas. Yo añadiría algo más. El único objetivo de la publicidad es vender más a más gente a un precio más alto durante más tiempo.

Es fácil confundirse. Es fácil cambiar el foco. La imagen, el mensaje, la... son cosas importantes... son cosas importantes sólo si te ayudan a vender más.

No Es La Plataforma

Danny MacAskill es un escocés de veintitantos años. Lleva muchos años dando saltos con su bicicleta.

Danny Practica BMX. Es una mezcla entre el trial y el motocross de toda la vida. Sólo cambias la moto por la bici. El resultado es espectacular. Saltos, equilibrios, tirabuzones,... un montón de acrobacias increíbles.

Es el tipo de cosas que impresionan. Cosas que a la gente le gusta ver. Todo lo que se sale de la normalidad es atractivo y Danny es así. Es distinto y es espectacular.

El salto a la fama

Todo empezó a partir de un vídeo. Alguien colgó uno de sus vídeos llenos de piruetas y desde entonces millones de personas siguen sus acrobacias en Internet.

Es una historia conocida. Alguien hace algo, alguien cuelga en Youtube el vídeo de lo que hace y, de repente, aparecen un montón de seguidores enloquecidos que devoran cualquier cosa que caiga en sus manos.

A partir de ahí, la vida cambia y MacAskill se convierte en una celebridad. Un tipo famoso que puede ganarse la vida con lo que hace.

La tentación

Enseguida, aparece la noticia: "Youtube ha hecho famoso a Danny MacAskill", "Un vídeo en Internet dispara a la fama a un joven escocés", "Internet es la nueva fábrica de famosos...".

Ésa es la tentación, pensar que Youtube, Internet,... es la razón de la fama. Es fácil y es intuitivo.

Hasta el vídeo no pasa nada. Después cambia todo. Repercusión, comentarios, artículos, aparición en medios,...

Las cosas son diferentes

Ésa es la tentación, pero no es la realidad. Danny MacAskill no es famoso porque Internet le ha hecho famoso. Ninguna de las estrellas de Youtube lo es.

Todos y cada uno de ellos son famosos porque son distintos, porque hacen cosas diferentes, porque tienen capacidad de sorprender, porque enganchan a su audiencia, porque son únicos.

¿Youtube? Youtube es la plataforma. Es la herramienta que ayuda a difundir el mensaje, a amplificarlo. Es importante. La plataforma cuenta. Hace que todo pase más deprisa.

Pero no es la plataforma la razón de la fama. La razón de la fama es Danny MacAskill. Es su capacidad para hacer cosas increíbles. Es el hecho de ser único.

18 Maneras De Comunicar Mejor

Ahí van:

1.- Conocer mejor a mi mercado

2.- Utilizar mensajes sencillos

3.- Hablar el mismo lenguaje que mis clientes

4.- Trabajar más mi creatividad

5.- Utilizar medios diferentes

6.- Invitar a la acción

7.- Crear un estilo consistente

8.- Seguir menos a los demás

9.- Escapar de la norma

10.- Entender que el fin de toda comunicación es la venta

11.- Evitar las multitudes

12.- No querer estar en todos los sitios

13.- Apropiarse de algo (medio, soporte, día, sección,...)

14.- Vender mi diferencia

15.- Medir mejor los resultados de mi comunicación

16.- Buscar nuevos puntos de contacto

17.- Pensar menos en el espacio publicitario

18.- Pensar más en la atención de mi cliente

Huevos, Pollos y Negocios

El Principio de Familiaridad es un fenómeno psicológico por el que algunas cosas resultan más atractivas y preferidas a otras por el mero hecho de ser conocidas.

El efecto se ha comprobado de muchas maneras distintas. Podemos decir que funciona con todo: palabras, objetos, formas,...

Con las personas también funciona. Cuanto más vemos la cara de alguien, más agradable nos parece y más probabilidades tenemos de que nos guste.

Los pollos y el Principio de la Familiaridad

Robert Zajonc fue uno de los primeros psicólogos en estudiar este efecto. En uno de sus experimentos más famosos Zajonc utilizó varios grupos de huevos fértiles.

El experimento consistía en exponer a cada grupo de huevos a un sonido diferente. Cuando los pollitos rompían el cascaron, se les exponía de nuevo a varios sonidos. Todos ellos se sentían atraídos únicamente por el sonido al que se les había expuesto cuando, todavía, eran huevos.

La conclusión detrás del experimento es muy potente. Aunque los pollos no son conscientes (todavía eran huevos), el Principio de Familiaridad es tan fuerte que hace que los pollos se sientan atraídos por aquello que les resulta, de alguna manera, familiar.

Los pollos y la publicidad

La aplicación es evidente. Cuanto más expones a un grupo de personas a un mensaje en concreto, mayores son las posibilidades de que ese grupo se sienta atraído hacia ese mensaje.

La publicidad tiene ese poder. Primero da a conocer un producto. Lo introduce. Después consigue, gracias a la repetición y a la familiaridad que provoca, gustar a su público. El principio es el mismo. Más repetición, más familiaridad, más posibilidades de gustar.

¿No es eso la comunicación? ¿No es eso lo que tienes que lograr? Las compañías que tienen éxito actúan así. Primero dan a conocer sus productos, luego intentan gustar a su mercado y por último se ganan la credibilidad. Después, a vender. Ésa es la esencia de los negocios y el Principio de Familiaridad te ayuda a conseguirlo.

Cómo Fabricar Una Gran Idea

Vas por la carretera y te adelanta una moto con una banda tocando en el lado del sidecar. Es raro, pero te puede ocurrir. No tiene una gran elaboración. Pero es una muestra fantástica de lo que es una gran idea.

Las grandes ideas son así. Son directas y causan un gran impacto. Te hacen pensar en ellas. No te las puedes sacar de la cabeza.

Las malas noticias son que no hay demasiadas. Las buenas, que todos podemos fabricar una gran idea. Sólo hay que saber cómo hacerlo.

Ponlo en otro sitio

El origen de una gran idea puede ser muy diferente. Pero hay uno que nunca falla. Poner las cosas en otro sitio.

¿Qué es esto? Saca un elemento del contexto al que pertenece y ponlo en otro distinto. En otro contexto que no sea natural.

Saca un grupo de música del escenario de un concierto, de una sala de ensayos, de... y ponlo en una carretera sobre ruedas.

Saca una bola roja de un conjunto de bolas rojas y ponla entre un conjunto de bolas blancas.

Saca...

¿Qué consigues? Sorpresa. Notoriedad. Recuerdo. Quizá, es el elemento más importante de cualquier idea.

Atrévete a hacerlo

Un crítico comentó en cierta ocasión que el valor de "Cien Años de Soledad" no era el contenido. Lo realmente valioso de esta novela era que Gabriel García Márquez se había atrevido a escribirla.

No es fácil. Hay que atreverse. Las grandes ideas pueden ser rompedoras, distintas, valientes. Ahora hay que ponerlas en marcha. Arrancarlas.

Muchos tienen ideas interesantes, pero sólo son grandes las que se ponen en funcionamiento.

Encuentra tu plataforma

La idea de la banda de música en sidecar es una gran idea porque es diferente, se han atrevido a hacerlo y han sabido divulgarla.

Tienes que hacerla llegar a tu público. Cada uno tiene su público. Tienen costumbres distintas, hacen cosas diferentes, no les gusta lo mismo, consumen otros medios,...

Descubre a tu público. Entiende cómo se comporta y contacta con él. ¿YouTube? Puede ser o no. La plataforma ideal tiene poco que ver con las redes sociales. Tiene que ver con las características de tu público.

Envíales un email, organiza un evento, comunícalo en twitter, compra una página en la prensa, haz una cuña de radio,... No lo sé. Tu público lo sabe. Estúdialo y conecta con ellos.

Un grupo de música tocando en una autopista a toda velocidad es una gran idea. Luego, cuelgas las imágenes en YouTube y millones de reproducciones. No está mal.

Piensa en tu negocio. ¿Dónde puede estar la nueva gran idea? ¿Qué puedes tocar, cambiar, ajustar? ¿Qué puede sorprender a tus clientes? ¿Qué...?

Atrévete a hacerlo. Hasta que no lo haces no pasa nada. ¿Después? Comunícalo. Encuentra tu plataforma. Conecta.

Puedes tener grandes ideas. Todos podemos. Seguramente, no es fácil. Pero ayuda bastante saber cómo hacerlo.

Sonrisas y Negocios

¿Qué puedo hacer por usted? Esta frase es todo un clásico. Detrás de ella hay muchas caras con una sonrisa de oreja a oreja esperando que les pidas tu ración de hamburguesas con patatas fritas o cualquier otra cosa.

Sonreír está muy bien. Algunos dicen que es saludable. Sonreír en los negocios es, incluso, mejor. Sientes que importas. En definitiva, sientes que tu negocio importa al que te sonríe.

Pero no valen todas las sonrisas. No, amigo, no.

Los departamentos de servicio al cliente están haciendo un gran trabajo. Ahora, sólo se habla de organizaciones *"customer centric"*, que viene a ser algo así como compañías organizadas alrededor del cliente. El cliente es lo que importa, el cliente es la base de todo. Se cuelgan carteles por toda la oficina con este tipo de mensajes para mantener llenos de energía a todos los empleados y centrarles en la figura del cliente.

Todo es perfecto. Todo es según el manual. Todo es... de cartón.

Quiero que me sonrían y si tú eres una persona mínimamente normal pensarás lo mismo que yo. Pero quiero que me sonrían con una sonrisa sincera.

Cuando Howard Schultz (fundador de Starbucks) viajó a Italia, le sorprendieron dos cosas fundamentalmente: la calidad del café (no es sorprendente teniendo como referente el café americano) y la personalidad de los baristas (los camareros que preparan el café).

En Italia, muchos de estos baristas conocían a sus clientes por su nombre, charlaban con ellos y sabían cómo les gustaba el café. ¡Ah! Y, por supuesto, sonreían. Sonreían con la sonrisa honesta de los que disfrutan haciendo lo que hacen porque saben que eso hace más agradable la vida a sus clientes.

¿Eres responsable de Servicio al Cliente? ¿Eres un pequeño empresario que lleva todos los temas? Da lo mismo. Estés donde estés en tu organigrama o en el organigrama de otro, intenta recuperar la sonrisa que Howard Schultz se llevó de Italia a Estados Unidos. Una sonrisa que tiene que ser:

a.- Sincera porque significas algo para alguien. Desde tu compañía, dentro de tu pequeña parcela, mejoras el mundo.

b.- Agradecida porque reconoces y aprecias el negocio que te traen tus clientes.

c.- Comercial porque estarás encantado de seguir sirviendo a tus clientes durante mucho tiempo como les has servido hasta ahora.

El cartón se rompe, pero estas sonrisas pueden ser el motor de muchos negocios. Sonríe y haz que los tuyos sonrían desde dentro.

Cómo Crecer Eliminando Clientes

George, uno de los personajes de la mítica serie norteamericana Seinfeld, entabla una discusión en un restaurante. Ha pedido una sopa y se la han servido sin pan.

El resto de los clientes tienen su sopa con su pan. Cuando George reclama el pan, el dueño del restaurante le dice que son 2 dólares. Ofendido, George explica que no entiende porqué todos tienen sopa y pan y él tiene que pagar un precio adicional.

El dueño le dice que el precio del pan acaba de subir a 3 dólares. George continúa protestando y reclamando un trozo de pan.

Después de un rato de discusión, el dueño del restaurante mira fijamente a George y le dice: "No hay sopa para ti. Siguiente"

Soup Kitchen International

El capítulo de Seinfeld está inspirado en el "Soup Kitchen International". El "Soup Kitchen" es un famoso restaurante de sopas situado en la calle 55 (entre Broadway y la 8ª Avenida) en Manhattan.

Al Yeganeh es el nombre del inmigrante de origen iraní que dirige el local. Yeganeh se ha hecho famoso por exigir a todos sus clientes el seguimiento de una serie de reglas en sus establecimientos. Aquéllos que no lo hacen siempre reciben la misma contestación: "No hay sopa para ti".

SoupMan

La fórmula de Al Yeganeh no le ha debido funcionar mal cuando, a partir del establecimiento de Manhattan, ha conseguido desarrollar una franquicia que sirve más de 40 variedades de sopas frías y calientes en más de 500 establecimientos de Estados Unidos y Canadá.

Además, el negocio ha seguido progresando hasta el punto en el que ahora puedes comprar las sopas de Al Yeganeh en muchos de los supermercados de Estados Unidos gracias a su línea de sopas "heat-n-serve".

La Paradoja

El capítulo de Seinfeld es una deformación cómica. Lleva el comportamiento de Yeganeh hasta el extremo para provocar la sonrisa del telespectador. Lo exagera todo.

Es posible, pero lo cierto es que este inmigrante de origen iraní ha construido un imperio deshaciéndose de clientes. Imponiendo una serie de reglas para cualificar a sus compradores. ¡Cumples las reglas, sopa. No cumples las reglas, ya sabes lo que hay... Puerta!

Tus clientes

Seguramente, el modelo de Yeganeh tiene un punto cómico que no es válido para todos los negocios. Es probable que no puedas adaptarlo al tuyo.

Da lo mismo. Sea como sea, te deja alguna reflexión que merece la pena. El concepto CLIENTE es demasiado amplio. A veces, es necesario bajarlo a la tierra y concretarlo algo más.

¿Quiénes son tus clientes? Tus clientes son los que demuestran una preferencia por tus productos. Tus clientes son los que hacen que des el máximo de ti. Tus clientes son los que te obligan a mejorar y hacer que tu negocio avance. Tus clientes son los que te llenan plenamente.

Los otros no son tus clientes. Los otros no siguen tus reglas. Quizá, a los otros hay que mirarlos fijamente y decirles: "No hay sopa para ti".

Las Ventajas del Marketing Directo

El Marketing Directo es una de las Estrategias de Comunicación más extendidas por todo el mundo. De una forma u otra se viene utilizando desde hace tiempo inmemorial.

El primer catálogo del que se tiene memoria lo publicó un editor de Venecia y data de 1498. Desde entonces y hasta ahora, ha sido una de las fórmulas de comunicación y ventas más populares.

Parece lógico pensar que si se ha utilizado durante tanto tiempo es porque sus resultados han sido lo suficientemente buenos como para que emprendedores de distintos siglos hayan aprovechado sus características como herramienta de marketing eficaz

En cualquier caso y pese a lo extendido de su uso, todavía quedan muchas compañías que son escépticas o que simplemente no conocen la fórmula lo suficiente como para incorporarla a sus estrategias.

Lo primero que debes saber es qué es realmente el Marketing Directo. Cuando hablamos de Marketing Directo la gente suele asociarlo al mailing que inunda nuestros buzones. La realidad del Marketing Directo va mucho más allá. El Marketing Directo consiste en establecer un vínculo directo ente el anunciante y su cliente potencial. No hay intermediarios ni nada ni nadie que interfiera en la comunicación entre los dos. Así, queda abierto un canal que funciona en dos direcciones, haciendo posible que el anunciante reciba una contestación directa a su propuesta o, directamente, la compra de su producto o servicio.

Algunos ejemplos de fórmulas que se utilizan en una estrategia de Marketing Directo son:

1.- Mailing: es uno de los más conocidos. Consiste en redactar largas cartas promocionales repletas de ofertas atractivas con el fin de captar la atención del cliente potencial y conseguir la venta.

2.- E-mailing: es la versión moderna del mailing. La naturaleza de esta fórmula es similar a la anterior. Se diferencian en que el e-mailing se realiza por Internet (correo electrónico) y este hecho modifica favorablemente algunos de sus aspectos más relevantes como el coste y la rapidez de envío.

3.- Buzoneo: es el hermano pobre del Mailing. Utilizando estrategias de segmentación más discutibles que las fórmulas anteriores, el Buzoneo deposita publicidad impresa en los buzones de nuestros hogares.

4.- Telemarketing: lamentablemente, todos hemos sido víctimas en alguna ocasión de esa llamada a las 11:00 de la noche ofreciéndonos los servicios de un gimnasio, una oferta de telefonía o cualquier otro producto o servicio.

5.- Catálogos: es un negocio multimillonario que en nuestro país no termina de mover las sumas que mueve en otros con más tradición. Generalmente, se ha argumentado que el buen clima invita a la gente a salir a la calle y realizar sus compras físicamente. Aunque seguro que hay mucho de cierto en esta afirmación, mucho me temo que otro de los factores que explican esta situación es la falta de un sector más profesionalizado.

6.- Comercio Electrónico: junto con el e-mailing, es una de las grandes novedades de los últimos tiempos. El Comercio Electrónico empezó tímidamente y poco a poco va acabando con los miedos a comprar por la red y avanzando con paso firme.

7.- Anuncios de Respuesta Directa: cualquier anuncio que incluya una promoción e invite a los consumidores a ponerse en contacto directamente con el anunciante a través de un número de teléfono o dirección adjunta es una fórmula de Marketing Directo.

8.- Etc.

Por lo general, el funcionamiento de todas estas estrategias ha probado su eficacia a lo largo del tiempo y, aunque hay diferencias de peso entre las distintas fórmulas, todas comparten muchas de las ventajas:

a.- Mejor selección de los impactos. A diferencia de otros medios donde resulta más complicado separar el trigo de la paja, el Marketing Directo te permite realizar unos contactos más precisos en la medida en que éstos se producen sobre una lista que ya ha sido segmentada previamente.

b.- Posibilidad de testar campañas con distintos enfoques y así asegurar que el formato elegido es el que tiene mayores posibilidades de conseguir los mejores resultados. Sólo se va adelante con lo que realmente funciona.

c.- Contención de costes. Aunque depende mucho de la fórmula elegida, en líneas generales, los costes en los que incurrirás con una campaña de Marketing Directo suelen estar por debajo de los costes de una campaña en medios convencionales. El rango es amplio porque puede ir desde una campaña de e-mailing con costes cercanos a cero hasta la elaboración de un costoso catálogo que haga las veces de tu fuerza de ventas. Sea como sea y porque, generalmente, los universos sobre los que se aplican son distintos, las estrategias de Marketing Directo suelen ser más atractivas en términos de presupuesto total.

d.- Reutilización de la lista. Puedes aprovechar la lista que has utilizado en más de una ocasión. Lo único que tienes que hacer es retocar mínimamente algunos de los aspectos de la carta promocional e intentar que aquéllos que no la encontraron atractiva en un primer momento, cambien de opinión ahora.

e.- Medir la respuesta de tu campaña: ésta es quizá una de las grandes virtudes de este tipo de Marketing. Mientras que con otras fórmulas resulta mucho más complicado, el Marketing Directo te permite un control perfecto del resultado de todas tus acciones. Si quieres dedicarte seriamente al mundo de los negocios, empieza por controlar lo que haces y extrae conclusiones que te ayuden a mejorar.

f.- Aumentar la base de clientes: este tipo de fórmula te permite ir más allá de tus restricciones físicas. Aunque depende de la fórmula utilizada en cada momento, es muy probable que estés limitado en el mundo real (un número de establecimientos limitado, una superficie reducida, etc.). Sin embargo, ahora, el mundo online te ofrece la posibilidad de llegar donde de otra forma no podrías hacerlo o te resultaría muy ineficiente desde el punto de vista de los costes.

g.- Relaciones duraderas: aprovecha la oportunidad que supone disponer de los datos de tus clientes o clientes potenciales. Ahora, debes utilizarlos de forma inteligente. El primer compromiso que debes asumir pasa por custodiar esos datos de la forma más adecuada posible. Esa información es muy valiosa y privada, mantenla siempre a buen recaudo y no compartas con nadie algo que se te entregó a ti.

h.- ...

Las ventajas que pone a tu disposición el Marketing Directo son muchas, pero quizá esta fórmula es una de las fórmulas que debes tratar con más cuidado y respeto si quieres sacarle el máximo partido.

Investiga todas las posibilidades que tienes a tu alcance. Si tienes miedo, testa tus ideas con acciones de poca dimensión. Según vayas ganando confianza o resultados te sentirás más cómodo para iniciar movimientos más agresivos. Hagas lo que hagas, no te olvides de esta fórmula e incorpórala en tu porfolio de acciones cuanto antes.

¿Publicidad o Credibilidad?

¿Reflexionas sobre esta cuestión cuando te planteas la promoción de tus productos o servicios? Si no lo haces, es momento de empezar a planteártelo.

Cualquier modelo de negocio se basa en tres conceptos básicos:

1.- Un mercado con una necesidad o problema por resolver.

2.- Un proveedor con un producto o servicio que cubre esa necesidad

3.- Una fórmula para promocionar el producto o servicio.

Para los que se encuentran en el tercer punto, es tiempo de tomar decisiones. Tienes un mercado hambriento y un producto dispuesto a saciar esa necesidad. Hasta ahí, todo bien. Ahora, tienes que decidir cómo vas a comunicárselo al mundo.

Afortunadamente, tienes un montón de alternativas. Aquí, sólo me voy a centrar en dos de las más conocidas: Publicidad y Relaciones Públicas.

En algún momento tendrás que decidir por cuál de las dos te inclinas. Cuando lo hagas, debes tener muy presente algunas de las características que acompañan a cada una de estas fórmulas.

Si apuestas por la publicidad:

a.- Rápida difusión: conseguirás llegar a un montón de gente en un abrir y cerrar de ojos. Dependiendo de cuál sea tu público objetivo, puedes utilizar la prensa, radio, exterior,... para dirigirte a tu mercado.

b.- Control absoluto: tú decides qué hacer, con qué medio y en qué momento. El pago de tu campaña publicitaria te da derecho a controlarla al 100%.

c.- Presupuestos grandes: por lo general, este tipo de comunicación lleva aparejado unos desembolsos bastante importantes (dependerá del medio elegido) que tendrás que valorar antes de tomar la decisión.

d.- Pérdida de credibilidad: la publicidad es comunicación pagada y tu mercado lo sabe. Esto quiere decir que, cuando alguien ve un anuncio tuyo, sabe que no está ahí porque comunique información de interés o valiosa. Está ahí porque alguien ha pagado para que se vea. Los mensajes pagados, soportados sólo por el dinero, son menos creíbles.

En su lugar, si apuestas por las Relaciones Públicas tendrás:

a.- Difusión lenta: tendrás que ir contactando a los distintos medios, contarles tu noticia (información que pretendes que reflejen en sus soportes) y esperar a que, si entienden que tiene sentido, la publiquen. Es un proceso que puede ser lento y requiere mucho esfuerzo.

b.- Pérdida de Control: estás en manos de los diferentes medios. Si entienden que tu información es noticiable, la publicarán. En caso contrario, irá directamente a la papelera.

c.- Casi Gratis: ¿por qué digo que es casi gratis? Porque, más allá de lo que tengas que invertir en el material (cintas de video, brochures,...) que harás llegar a los medios (puede ser algo tan simple como un correo electrónico o carta con tu nota de prensa), no tendrás que gastar dinero.

d.- Gran credibilidad: las relaciones públicas son imbatibles en términos de credibilidad. La reflexión es muy simple: hay un medio que está comunicando a su audiencia tu información como si fuese una noticia propia de su contenido. ¿Te crees las noticias que lees en los periódicos, escuchas en la radio o ves en la televisión? La respuesta es sí. Y, en este caso, la noticia eres tú. Como te he dicho, IMBATIBLE.

Tendrás que considerar todos estos aspectos cuando tomes tu decisión. No hay elecciones buenas ni malas. Hay elecciones más o menos adecuadas dependiendo de las circunstancias y los objetivos.

Yo creo profundamente en las relaciones públicas y creo que sus resultados, aunque menos controlables, son muy potentes por la credibilidad que transmiten

En cualquier caso, analiza cuáles tus objetivos y opta por la publicidad, relaciones públicas o una combinación de ambas.

¿Para Qué Sirven los Medios?

Tiempo atrás, me invitaron al programa Líderes de Gestiona Radio. Tuve, de nuevo, la oportunidad de hablar de mi libro "¿Jefes...? No. Gracias" en un medio de comunicación. Es una experiencia fantástica.

¿Por qué son tan importantes los medios? Porque son la mitad de la ecuación. Puedes haber producido un contenido maravilloso, pero si nadie lo conoce, las posibilidades de éxito son pocas.

1.- Los medios amplifican el mensaje. Es como un enorme megáfono que hace que se te escuche más y mejor. Donde no llegas tú llegan ellos. Tienen un efecto multiplicador que debes saber aprovechar si quieres que te conozcan. Sin ellos, no se acaba el mundo, pero todo es mucho más lento.

2.- Los medios te permiten llegar al mercado que te interesa. ¡Ojo! Gritar por gritar no sirve de mucho, Hay que saber dónde gritar. Una buena selección de medios te permite contactar con todos aquéllos que pueden tener interés en oír tu mensaje. Ejemplo: mi libro es un libro para emprendedores. Un libro para los que quieren montar su propio negocio. Gestiona Radio es una radio económica que toca temas económicos y empresariales y que, obviamente, se dirige a un público interesado en los mismos. La asociación es natural. Mi mensaje en esa cadena llega al público que nos interesa a los dos. ¡Perfecto!

3.- Los medios te dan autoridad. ¿Qué significa esto? Si sales en un medio, inmediatamente adquieres el estatus de experto. ¿No te parece increíble? Ése es el milagro de los medios. Por eso hay que estar presente en los medios tanto como te sea posible. La lógica tiene sentido: si tu mensaje es lo suficientemente interesante como para que un medio se fije en ti, tienes que ser muy bueno. Ésa es la asociación. Es correcta. Es puro sentido común.

Los medios son importantes. ¡Cuidado! No son lo único. Si tu contenido no está al nivel, da lo mismo el número de medios que utilices, no tendrás éxito.

Dicho de forma sencilla. Tu contenido es una exigencia y los medios son la palanca que te ponen en el mundo.

Entiéndelos, apórtales y aprovecha su enorme potencia.

Atención

Al principio, siempre es complicado. Estás dando tus primeros pasos. Intentas conseguir tus primeros clientes. Nadie te conoce y tu presupuesto es limitado. No es fácil.

Los medios están ahí para ayudarte. Necesitan contenidos de interés para cubrir la necesidad de información de su mercado. Tú puedes ser parte de sus contenidos. Tu compañía también.

Conseguirlo no es sencillo. Tienes que establecer una relación con ellos, alimentarla y consolidarla. Cuanto más fuerte sea tu relación, más posibilidades tendrás de aparecer en sus contenidos.

Todas las relaciones tienen sus claves. Con los medios pasa algo parecido. Si quieres conseguir relaciones provechosas, aquí tienes algunos consejos que te pueden venir muy bien:

Debes tener una noticia

Sin noticia no hay relación. No hay forma posible de aparecer en los contenidos de los medios si no tienes algo interesante que contar sobre ti o sobre tu negocio. Algo distinto y atractivo. Algo que capte la atención de la audiencia.

Debes conocer los medios

Aquí, no puedes disparar con ametralladora. "Cuantos más impactos mejor", en este caso no funciona. Piensa en modo rifle. Elige correctamente quién es tu diana, quién te interesa, apunta y dispara. Los periodistas son gente ocupada y no les hace una gracia especial recibir toneladas de información que poco o nada tienen que ver con el contenido sobre el que escriben, hablan,...

Debes empezar poco a poco

Baño de realismo: no vas a estar en la primera página de ningún diario nacional. Las cosas funcionan de otra manera. Dale tiempo al tiempo. Ahora lo que hay que hacer es empezar. Dirígete a medios pequeños. Más accesibles. Inicia la relación y empieza a trabajar con ellos. El objetivo es que te publiquen, que estés presente en sus contenidos. Ve rodando tu sistema. Mejóralo. Cuando te vayas encontrando más suelto, puedes apuntar a otros medios más grandes.

Debes tener paciencia

Las cosas no ocurren de hoy para mañana. Al menos en el mundo real. Hay que empezar, hay que seguir y, después, hay que continuar. Al final, llega. Siempre llega. Unas veces antes y otras después, pero el premio está ahí. No tengas ansiedad. No seas demasiado agresivo. No te conviertas en una molestia. Envía tus comunicados o haz esa llamada. Está bien. Puedes enviar un "friendly reminder" (recordatorio amable) y ya está. Si no es esta vez, será la próxima, pero no habrás quemado ningún contacto.

Debes entender que esto no es publicidad

No vendas nada. No hables con un tono comercial. Interesa la noticia, la novedad que aporta, lo sorprendente de su naturaleza y lo que hace que ese contenido sea diferente a cualquier otra información. Si quieres vender, compra espacio publicitario. Está para eso.

Los medios pueden hacer mucho por tu negocio. Sólo tienes que saber cómo acercarte a ellos y empezar una relación.

Date tu tiempo. Dedícale el esfuerzo necesario y las cosas empezarán a funcionar. Siempre es así.

Un Tweet De Brian Tracy

Entro en mi cuenta de Twitter y, de repente, me doy cuenta de que Brian Tracy me ha incluido en uno de sus #FF.

Si no lo sabes, Tracy es uno de los autores y conferenciantes más famosos de Estados Unidos. Ha escrito más de 50 libros y habla sobre ventas y superación personal por todo el mundo.

¿Y el #FF (Follow Friday)? Es la identificación que se utiliza en Twitter para recomendar las cuentas que te parecen interesantes.

Es como una especie de convención. Todos los viernes Twitter se llena de #FF recomendando a otros usuarios.

No puede ser verdad

Ésa es la primera reflexión. No puede ser verdad. No se puede tratar de la cuenta oficial de Brian Tracy.

Enseguida, hago clic sobre la foto que aparece en el tweet y compruebo que tiene más de 100.000 seguidores.

Luego, hago una búsqueda rápida para ver otros seguidores que usan nombres parecidos. Me doy cuenta de que, de todos ellos, mi

Brian Tracy es el que tiene, con mucho, mayor número de seguidores.

Conclusión: bueno... será el verdadero.

¿Qué hago yo ahí?

Esta pregunta me viene a la cabeza. ¿Cómo ha llegado mi nombre ahí? ¿Cómo es posible que un tipo como Brian Tracy haya decidido incluirme en su #FF?

Si te dejas llevar por un ataque de vanidad, puedes pensar que tus tweets en inglés son tan potentes que han cautivado la atención de alguien como Tracy.

Pero si lo piensas más fríamente, recuerdas que sigues a Tracy desde hace un montón de tiempo y que haces RT de sus artículos con mucha frecuencia. Esta explicación parece mucho más razonable.

Corolario

Sí, es probable que Brian Tracy utilice los #FF como forma de agradecimiento. Es como una devolución del favor. Tú me ayudas a difundir mi mensaje, yo te ayudo a difundir el tuyo.

Al principio, un poco de decepción. Me habría encantado que Tracy devorase mis tweets y los recomendase de corazón. Evidentemente, no es así, pero la conclusión es casi igual de buena.

La conclusión es que puedes aparecer en el universo de un tipo tan famoso como Brian Tracy o en cualquier otro sitio cuando entregas sin esperar nada a cambio.

La naturaleza humana funciona así. Cuando alguien te da algo, tienes la necesidad de hacer lo mismo con él. Se llama Reciprocidad y funciona siempre. Funciona hasta con Brian Tracy.

El Sexo Es Malo Para El Marketing

Los metatags son etiquetas html. Se colocan en la parte de arriba de una página Web. Tú no puedes verlas, pero ayudan a los buscadores a entender la información de la Web y clasificarla.

Hubo un tiempo en que el metatag keyword (palabra clave) era importante. Escribías las palabras que identificaban a tu site. Elegías las más importantes. Las que mejor te representaban. El buscador las reconocía y te indexaba.

Cuando alguien tecleaba la palabra clave, el buscador recordaba tu keyword y reflejaba el link a tu página. Ésa era la forma tradicional.

Todos queremos más tráfico, pero...

Todos queremos más tráfico en nuestras páginas Web, pero hay maneras y maneras de conseguirlo. Maneras buenas y maneras malas.

En el inicio, todo estaba revuelto. Internet estaba lleno de agujeros. Agujeros que podían ser oportunidades.

El metatag Keyword era un agujero. Muchos lo utilizaban de una manera extraña. Sí, reflejaban las palabras que mejor definían a sus Webs. Lo hacían.

Pero también reflejaban otras muchas palabras. Palabras que no tenían nada que ver con el contenido de su site. Palabras como sexo, negocios,... Palabras muy buscadas en Internet. Palabras populares.

¿Por qué? Por eso. Porque eran populares. Porque los internautas las buscaban y porque podían generarles montañas de tráfico.

Algunas conclusiones

La primera conclusión de todo esto es que el metatag Keyword ha dejado de tener importancia. Los buscadores saben cómo se utiliza y no le prestan demasiada atención. No es relevante.

La segunda conclusión es que, mientras todo esto duró, recibieron montañas de tráfico. Montañas de tráfico que buscaban "algo" y se encontraron con "algo totalmente diferente".

El marketing es un juego de números. Cuantos más mejor. Cuantos más, más posibilidades de vender tu compañía, de colocar tu producto.

Ésa era la lógica. Más tráfico, el que sea, más ventas.

Seguro que funcionó. Al principio funcionaba todo. Pero no es la fórmula adecuada. No es un modelo sólido.

El sexo no es bueno para el marketing

La palabra "Sexo" puede generar montañas de tráfico, pero no genera montañas de conversiones (compras, suscripciones,...). Por lo menos, no las genera cuando tu contenido tiene poco que ver.

El marketing es un juego de números, pero también es un juego de afinidad. Los números están bien. Los números con afinidad son imbatibles.

El sexo no es bueno para el marketing. Utilizar estrategias para generar tráfico independientemente de su origen, no es bueno para el marketing. Generar atención de públicos no afines no es bueno para el marketing.

El marketing vive del tráfico que convierte. Tráfico que se identifica con tu contenido y que se relaciona con él.

Olvídate del sexo o de cualquier otra estrategia similar. Céntrate en la afinidad. En el tráfico afín a tus intereses. Pon todos tus esfuerzos ahí y convierte.

Publicity Es Una Palabra Rara

La Publicity consiste en darle historias interesantes a los medios para que la amplifiquen y la hagan llegar a cuantos más mejor.

Si eres capaz de mirar la noticia desde otro ángulo y entregar a los periodistas un enfoque nuevo y fresco, tienes muchas probabilidades de que tu noticia tenga una buena cobertura mediática y te aporte un gran valor en términos de comunicación publicitaria a coste cero.

Si tecleas "Paul Hartunian Brooklyn Bridge" en un buscador y lees su historia (vendió el puente de Brooklyn a pedacitos), podrás entender de qué te hablo. Repásalo con cuidado y aprende cómo se puede llegar a tener una gran repercusión mediática con una gran idea. Aquí, te dejo los pasos que tienes que seguir si quieres que tu historia tenga el mismo alcance.

Encuentra una historia atractiva

En las facultades de Periodismo se suele decir que "si un perro muerde a un hombre no es noticia, pero la cosa cambia si es el hombre el que muerde al perro".

Da con esa idea que resulte chocante y despierte el interés de la gente. Lo normal, lo cotidiano no resulta llamativo. Descubre enfoques que no se hayan utilizado hasta el momento y sorprende al mundo.

Escribe un Titular arrebatador

¿Qué es un Titular arrebatador? Un Titular con tanto magnetismo que te obliga a leer todo lo que hay a continuación. "Un hombre de New Jersey vende el Puente de Brooklyn…por 14,95 $" es un Titular arrebatador.

Si no tienes especiales habilidades para la escritura, no te preocupes, siempre puedes echar mano de un copywriter (redactor) profesional o aprender de lo que han hecho otros.

Redacta tu Nota de Prensa

Aquí, tienes dos opciones: primera, redactar una nota de prensa tradicional en la que reflejas de forma breve la información que te gustaría que los medios hiciesen llegar al gran público; segunda, escribir una carta que intente provocar una entrevista posterior con el medio en cuestión.

Las dos opciones son válidas, pero la que, sin ningún tipo de duda, te puede aportar mayor nivel de notoriedad es una entrevista con un medio. Si puedes, ve a por ella.

Incorpora los detalles logísticos

No olvides reflejar todos tus datos (dirección, teléfono, correo electrónico, disponibilidad,…) con la idea de facilitar la posibilidad de contacto con el medio.

¡Ojo con este tema! Los periodistas son gente muy ocupada y es muy probable que abandonen tu noticia por otra que refleje toda esta información de forma clara y sencilla.

Sería una pena dejar pasar esta oportunidad sólo porque se te ha olvidado escribir tu número de teléfono.

Elabora tu lista de destinatarios

Investiga quiénes son las personas que por la responsabilidad que tienen (editores) y el medio en el que trabajan son el destino lógico de tu comunicación. Hazte con tantos nombres como te sea posible y envíales una copia de tu carta.

¡Cuidado! Envíales una copia de tu carta (con un matiz) si su medio es afín al contenido que intentas divulgar. Es decir, NO envíes información financiera a una revista del corazón. Lo único que conseguirás será molestar al editor que tiene que pelear con la saturación de la bandeja de entrada de su correo electrónico.

Envía la información y realiza un seguimiento

Maneja este punto con delicadeza. Algunos periodistas estarán encantados de recibir tu llamada y decirte si la noticia tiene visos de prosperar, pero hay muchos que no se sienten cómodos atendiendo las innumerables llamadas de seguimiento que reciben todos los días.

Identifica los distintos perfiles y trata a cada uno como quiere ser tratado.

Las cosas son más fáciles

Afortunadamente, hoy en día todo son facilidades. Puedes escribir tu nota de prensa y enviarla personalmente a todos los medios, contratar a una agencia de Relaciones Públicas para que lo haga (es una posibilidad correcta, aunque te puede salir algo caro) o aprovechar el florecimiento de los servicios de notas de prensa online que de forma gratuita o por precios inferiores a los 100€ pueden hacerlo por ti.

Yo trabajaría con un combinado de alternativas. Los grandes medios, los importantes, los gestionaría directamente y el resto de los medios (pueden ser miles) se los cedería a un servicio online.

Los resultados

Los resultados de este tipo de campaña pueden ser increíbles. Si has conseguido un buen titular y una buena historia, tendrás muchas posibilidades de que muchos medios se hagan eco de la noticia.

No te habrá costado un euro (o una pequeña cantidad de dinero) y, además, habrás conseguido lanzar un mensaje publicitario haciéndolo pasar por noticia.

Trabaja en las posibilidades dramáticas que tiene tu producto con el fin de ver si es posible desarrollar una buena historia que resulte interesante a los periodistas (tu primer cliente) y que pueda enganchar con el gran público.

Si tu producto es el inicio de una nueva tendencia o supone una ruptura importante con lo que había hasta ahora o..., entonces es probable que puedas darle el formato de historia interesante (las tendencias, los cambios radicales,... son noticia y tu labor es hacer que tu historia sea noticiable).

Sin embargo, si no consigues encontrar esa historia interesante y ese titular que invite a la lectura, las probabilidades de que algún medio lo reproduzca son inexistentes.

No menosprecies el valor de la Publicity. Desde el punto de vista de comunicación comercial, es una de las grandes opciones cuando lo haces bien.

Sólo tienes que estar muy atento a todo lo que te rodea, identificar y trabajar historias sorprendentes y tener la suficiente pasión para contárselas a todo el mundo de una forma arrebatadora. Antes o después, los resultados llegarán. Seguro.

El Salto Más Largo

Un austriaco de nombre impronunciable se monta en un globo, sube hasta la punta del universo y salta con un par.

El mundo entero ve en directo cómo el tipo cae en picado a una velocidad increíble. De repente, pierde el control y parece que entra en barrena. Giros, giros y giros.

Finalmente, todo vuelve a la normalidad. Libera su paracaídas y aterriza plácidamente en algún lugar de Nuevo México. ¡Conseguido!

La hazaña del hombre pájaro

Sí, es una gran hazaña. Alguien sube muy alto y se lanza al vacío detrás de un montón de récords. Es algo que impresiona. El mundo se paraliza para asistir en directo al momento.

Éste sería el primer análisis que acompaña a este tipo de situaciones. Proezas que superan la capacidad de sorpresa de todos nosotros. El interés que despierta todo lo que es distinto, extremo. Todo lo que supera los límites.

Pero hay más análisis. Análisis que también son interesantes. Análisis de los elementos que rodean a este tipo de gestas.

La fuerza de los patrocinios

La hazaña de Felix Baumgartner ha sido increíble, pero la campaña de Red Bull no se ha quedado atrás. Es difícil encontrar acciones publicitarias con tanta pegada como la de Red Bull.

En los días previos y los que siguieron al salto se ha hablado constantemente de Baumgartner y siempre que ha aparecido el nombre del paracaidista extremo lo ha hecho junto a él la marca de su patrocinador Red Bull.

Ha sido una acción de comunicación perfecta. Ha conseguido todos sus objetivos, se le ha visto en todos los sitios y ha reforzado definitivamente el posicionamiento extremo de la bebida.

Red Bull lo ha hecho porque ha respetado los elementos fundamentales de todos los patrocinios. Los ha gestionado de una forma magistral y ha recogido sus frutos.

Afinidad

La afinidad es el elemento más importante de cualquier patrocinio. ¿Por qué? Porque es la condición necesaria. Si no hay afinidad entre el patrocinador y el objeto patrocinado, todo lo demás carece de importancia.

La afinidad funciona como los pilares de la casa. Cuando los pilares no son los adecuados, lo que pongas encima de ellos se caerá. No hay más secreto. Tampoco hay excepciones. Si no hay afinidad, el patrocinio será un fracaso.

Red Bull tiene un largo historial de patrocinios de deportes extremos. Desde la fórmula uno a skaters acrobáticos, todos los deportes o deportistas que patrocinan tienen en común esta característica.

En este caso, lleva al límite su apuesta por las situaciones extremas. Demuestra una vez más la consistencia de sus acciones de comunicación y refuerza su mensaje.

El salto de Felix Baumgartner es el paradigma de lo que Red Bull lleva haciendo desde siempre. No podía ser otra marca. Red Bull tenía que patrocinar el salto.

Repercusión

La afinidad es la base de todo. Sin ella no se puede construir nada, pero de nada te servirá si el mensaje no llega a donde tiene que llegar: tu público.

Es difícil pensar en otra acción que pueda ser más notoria que el salto de Baumgartner. Lo tiene todo: componente de locura, persecución de récords y apoyo institucional.

Tiene todos los elementos para despertar la atención de los medios. De hecho, tiene todos los elementos para convertirse en una de las noticias del año o una de las noticias de la década.

El interés es tan alto que se retransmite en directo y medio mundo se paraliza para ver cómo Baumgartner es el primer hombre en saltar desde más de 39.000 metros de altura, superar la barrera del sonido y batir el récord de caída libre.

Contribución

Puedes desarrollar patrocinios fantásticos trabajando correctamente los dos primeros elementos: afinidad y repercusión. Puede ser suficiente para transmitir tu mensaje.

Pero si quieres que tus patrocinios lleguen mucho más lejos, que se recuerden, que sean increíbles, entonces tienes que contribuir a alguna causa.

Ésa es la guinda. La guinda de los patrocinios excelentes. Lo que diferencia a los patrocinios que son un ejercicio comercial lleno de vanidad de los que quieren aportar algo y dejar su huella.

El patrocinio de Red Bull se encuentra entre los patrocinios excelentes. Los que dejan huella. Los que contribuyen. En este caso, había un objetivo científico: ayudar a desarrollar una nueva generación de trajes espaciales y conocer los efectos sobre el cuerpo de la aceleración y desaceleración supersónica.

La contribución puede ser cualquiera. Sólo tiene que tener sentido. Sólo tiene que aportar valor.

Sí, el objetivo de todos es el mismo: vender más. Pero la forma de hacerlo es distinta. Cuando contribuyes, conectas más con la gente, haces que la vida sea un poco mejor y, sí, vendes más.

Los patrocinios son una fórmula magnífica para lanzar tu mensaje y hacerlo llegar a tu público. El patrocinio de Red Bull es una obra maestra.

Seguramente, este tipo de recursos no están al alcance de muchas marcas. Pero, seguramente, las marcas que trabajen la afinidad, repercusión y contribución realizarán patrocinios excelentes.

Promociónate Sin Invertir Un Euro

Si no tienes un gran presupuesto de marketing, no te preocupes, no se acaba el mundo. Bienvenido a la dura realidad. Te encuentras en la misma situación que miles o cientos de miles de pequeñas compañías que tienen un gran producto o servicio pero que no les alcanza el bolsillo para gastar grandes cantidades en glamurosas campañas de publicidad.

El hecho de que tus recursos sean limitados puede parecer un gran inconveniente (y puede serlo en muchos casos), pero te animo a que lo veas como una gran oportunidad para hacer cosas distintas, atractivas e irreverentes. Cosas que te puedan diferenciar del resto y darte mucha más notoriedad que muchas campañas tradicionales con muchos más recursos.

Sí, seguro que estarás pensando "¿qué me estás diciendo?" ¿De verdad quieres convencerme de que soy un tipo afortunado porque no tengo dinero para hacer una campaña de publicidad como Dios manda? Yo no diría tanto, pero sí me atrevo a afirmar que grandes presupuestos no son sinónimo de magníficos resultados en comunicación.

Después de más de veinte años trabajando en agencias de publicidad que manejaban cuentas con grandes presupuestos (en los muchos millones de euros) te puedo asegurar que no existe siempre una correlación ni clara ni directa entre resultados e inversión publicitaria. Te sorprendería ver como se invierten grandes cantidades de dinero en campañas bonitas, pero poco efectivas. Recuerda que esto va de generar clientes potenciales, primeras ventas, ventas recurrentes, fidelización, bla, bla, bla,..., y poco nos tiene que preocupar si la campaña es más o menos bonita, está en más o menos medios o recibirá más o menos premios. Gana el que vende, no el que se lleva el premio.

Como te decía, la falta de presupuesto publicitario puede ser un estímulo para la creatividad. Yo, por lo menos, lo veo de esa manera y creo que hay suficientes ejemplos en la historia de la comunicación que así lo demuestran. Es decir, no tener dinero no es divertido, pero puede obligarte a hacer cosas diferentes y, por ahí, sí que pueden llegar los resultados.

¿Es fácil? De fácil nada de nada. Es complicado porque, cuando tienes que ser diferente, te ves obligado a abandonar tu zona de confort. En esta zona no nos encontramos especialmente cómodos, pero podemos ser mucho más productivos y distintos.

Te voy a poner un ejemplo bastante reciente y muy atractivo. Un ejemplo que evidencia que todo esto que te estoy diciendo tiene todo el sentido del mundo. ¿Sabes quién es Timothy Ferris? ¿Conoces su libro "La Semana de Trabajo de 4 Horas"?

Si lo conoces, fantástico. En caso contrario, no dudes en hacerte con un ejemplar para entender la dimensión de lo que te voy a contar.

Para introducirte en el tema, te diré que Timothy Ferris ha sido número uno en ventas en Estados Unidos durante un montón de semanas. Ha batido muchos récords de libros vendidos y se ha convertido en toda una celebridad, pero lo realmente importante de la historia de Timothy Ferris no es su libro sino la fórmula que siguió para promocionarlo y convertirlo en un éxito de ventas. Si te parece, vamos a revisar algunos de los puntos críticos del Plan de Marketing que el propio Tim Ferris ha comentado en varias entrevistas:

1.- En primer lugar, Timothy no asumió nada. No traía ninguna idea preconcebida a este nuevo negocio, y si la traía se la dejó en su casa. Lo primero que hizo fue ponerse en contacto con otros autores más o menos similares que habían lanzado sus libros previamente y lo habían hecho con mucho éxito.

Estos autores le dijeron que el canal que mejor funcionaba para promocionar sus libros eran blogs afines. Habían llegado a esta conclusión después de haber tenido la oportunidad de testar distintas opciones.

Primera conclusión potente, no asumas nada. Pregunta a los demás qué es lo que funciona, testa todo lo que puedas y comprueba sus resultados. Estamos en un mundo donde tenemos que testar constantemente. Si actúas de esta manera, te darás cuenta de que muchas de las ideas preconcebidas que pudieses tener tienen poco que ver con la realidad.

Resumen: testa, testa, testa,..., todo. Y después de testar, sigue testando. ¡Ah! Mucho mejor si lo haces con la experiencia y el dinero de los demás como hizo Tim Ferris.

2.- En segundo lugar, Tim analizó cuál podía ser la mejor manera de acceder a los bloggers que le podían ayudar a promocionar su libro. Tradicionalmente, las vías que se utilizan para ponerse en contacto con ellos son el correo electrónico y los propios comentarios que se dejan en cada uno de los posts que los bloggers van colgando en sus páginas.

Aunque estas fórmulas tienen validez, están absolutamente saturadas. Resulta complicado conseguir algo de atención o notoriedad cuando te mueves en entornos saturados. Tim decidió cambiar la estrategia.

En lugar de hacer lo que la mayoría hacía para entrar en contacto con estos bloggers superstars, se desmarcó y utilizó otro canal: el personal. Empezó a acudir a los eventos que contaban con la participación de los bloggers más famosos y allí empezó a realizar sus primeras conexiones.

3.- En tercer lugar, Tim puso por delante al mensajero antes que el mensaje. ¿Qué quiere decir esto? Que Tim volvió a hacer las cosas de forma diferente.

No se volvió loco intentando venderle a todo el mundo las bondades de su libro. Cuando estableció contacto con los bloggers que podrían ayudarle, intentó gustarles, interesarse por su trabajo, hacer preguntas sobre lo que hacían, etc.

La reflexión de Tim fue sencilla pero distinta: "si logro gustarles como persona, será mucho más fácil que conecten conmigo y que posteriormente puedan hablar con más naturalidad y entusiasmo de lo que estoy haciendo". No se confundió.

4.- En cuarto lugar, Tim entendió que lo que uno hace tiene poco valor desde el punto de vista de las noticias. Es decir, crees que has escrito el libro definitivo sobre cualquier cosa, pero eso, realmente, no interesa a nadie. Lo que interesa a la gente son las cosas sorprendentes o lo que está de moda.

El hecho de que Tim se pudiese tomar sus minivaciones gracias al modelo de negocio que había diseñado no pasaba de ser una mera anécdota poco noticiable. Tim lo entendió y vendió su mensaje de forma diferente. Su libro se enmarcaba dentro de dos tendencias que tienen mucha fuerza en la actualidad: el outsourcing y el deseo de muchos de trabajar menos y disponer de más tiempo libre. De esta forma, un libro que podía ser una mera anécdota pasa a convertirse en un elemento más que hay que sumar a dos grandes tendencias que Sí que interesan a todos o casi todos. Ahora ya es noticiable.

Tim Ferriss decidió hacer las cosas de forma diferente y los resultados fueron increíbles: Best Seller del New York Times, constantes entrevistas en todos los medios de comunicación, conferencias por todo el mundo y unos ingresos muy por encima de lo que seguramente hubiera imaginado.

Historias como la de Tim Ferriss son fuente de inspiración para todos los que quieren salir adelante sin muchos recursos. Si repasas la historia de Ferriss, te darás cuenta de que su éxito se basa fundamentalmente en dos factores: el convencimiento de querer ser distinto y un plan de cuatro puntos (qué canal utilizar, cómo contactar, cómo conseguir el interés, cómo ser noticia).

Antes, te decía que, aunque es perfectamente posible promocionar tus productos y servicios con poco presupuesto, no es nada fácil.

Es cierto no es fácil, pero se puede conseguir si tienes la voluntad de hacerlo y utilizas un sistema que te ayude a conseguirlo. Tim utilizó el suyo y le funcionó. Busca el tuyo y lánzate.

¿Dónde Están Las Conversaciones?

Cientos de millones de personas tienen una cuenta en twitter. Diez usuarios nuevos cada segundo. Se escriben más de trescientos millones de tweets al día. Realizamos 24.000 millones de búsquedas al mes.

Facebook recibe más de 250 millones de fotos diariamente. 425 Millones de usuarios utilizan Facebook a través de su teléfono móvil.

Clickamos más de 2.700 millones de Likes al día. Más de 1.000 millones de usuarios entran en Facebook todos los meses.

Consumimos 4.000 millones de horas de vídeo al mes en Youtube. Cada minuto se suben 72 horas de vídeo. Ya se ha superado el trillón de vídeos vistos al año. Mil millones de usuarios únicos visitan YouTube todos los meses.

Alguna Pista

"Keller Fay" realiza un seguimiento de las conversaciones que mantienen los americanos. Muestras de 700 personas se han ido tomando de forma continua desde 2006.

Este estudio les ha permitido descubrir que el 90% de todas las conversaciones que mencionan marcas comerciales ocurren en el mundo offline. Ocurren en el mundo real.

El 76% de las conversaciones tienen lugar cara a cara. A través del teléfono mantienen el 14% de la comunicación. Las conversaciones Online sólo alcanzan el 8% del número total de conversaciones.

Es fantástico estar en este momento. Ver y participar en todo lo que está ocurriendo. Seguir todas las tendencias. Hay que hacerlo.

Hay que hacerlo, pero no hay que olvidar que el mundo real no ha desaparecido.

El Dinero Está En El Titular

Las cosas son así y hay que entenderlas. Para ganar dinero hay que conocer las reglas. Cuando las conoces, es diferente. Cuando las conoces puedes saltártelas, puedes probar, pero tienes que saber qué es lo que estás haciendo.

El dinero está en el titular. Es una especie de máxima del marketing. Cuando haces algo, cuando comunicas algo, tu titular es lo más importante. Tu titular de prensa o de revista o de cualquier otro medio.

El objetivo de "El Titular"

Tu titular sólo tiene una función: captar la atención de tu cliente potencial. El anuncio es importante, pero el titular es definitivo. Si no captas su atención, el resto no importa. No importa porque nunca lo consumirán, nunca sabrán cómo es. Lo que no se consume no existe. Es así.

Implantología de Carga Inmediata

Abres un periódico y lees un titular: "Implantología de Carga Inmediata: rápida, cómoda y nada traumática".

Sí, es un titular como lo podría ser otro. Es un titular como hay cientos de ellos. El problema no está ahí. El problema está en que no consigue su objetivo. No engancha o, por lo menos, no engancha tanto como podría enganchar.

La prueba del algodón

La reflexión es fácil. Pregunta por ahí. Comprueba cuántas personas son capaces de decirte qué es la "Implantología de Carga Inmediata".

Yo lo he hecho. Se lo he preguntado a las 10 primeras personas que he encontrado. ¿El resultado? Cero. Ninguna. Nadie. Es así. Nadie sabe qué significa "Implantología de Carga Inmediata".

El tema podría tener justificación. "Bueno,... tiene sentido. Es lenguaje técnico. Es una comunicación dirigida a profesionales". Pero no es el caso.

No es el caso porque la página es una página de publicidad en un medio masivo. Porque es una página de publicidad que vende arreglos dentales (sí, eso es "Implantología de Carga Inmediata") a todos los que lo necesitan. Porque es una página de publicidad típica.

Las Reglas de la Comunicación

El tema es complicado. Si quieres comunicarte con tu público y no consigues que te entiendan, es imposible captar su atención, engancharles, convencerles.

La primera regla de la comunicación es hablar el lenguaje de tu público. Más fácil, para que se entienda: hablar el lenguaje de tus clientes.

La segunda regla de la comunicación es captar su atención.

La tercera regla de la comunicación es contar algo que les interese.

La cuarta regla de la comunicación es ofrecerles tu solución.

Ninguna regla tiene sentido sin la anterior. Ninguna regla sirve de nada si antes no se ha cumplido la regla previa.

Mucho mejor

Si quieres vender "Implantes de Carga Inmediata" y tu público son personas normales con problemas en la boca, habla para ellos. Utiliza el lenguaje de las personas normales. El que todos entienden.

"Implantología de Carga Inmediata: rápida, cómoda y nada traumática" puede estar bien desde un punto de vista técnico, pero "Consigue una boca perfecta sin dolor y sin tener que empeñar tu coche" puede entenderse mucho mejor.

O... "Cómo tener una boca perfecta sin dolor y (casi) sin dinero".

O... "Adiós a las dentaduras antiestéticas con esta técnica revolucionaria".

O... "Una nueva tecnología ayuda a conseguir dentaduras perfectas a precios populares".

O... "¿Tienes problemas con tu dentadura?".

O... lo que sea. Las posibilidades son infinitas, pero todas tienen algo en común. Todas hablan el lenguaje de todos, el que se entiende. Todas intentan captar la atención de su público.

El dinero está en el titular. Si quieres sacarle el máximo partido a tu comunicación, ¡adelante! Si no lo quieres hacer, sigue rellenando páginas de periódicos.

Ahorra Dinero En Publicidad

Se le suele llamar publicidad mancomunada (el nombre es feo y algo confuso). En realidad, es una especie de alianza donde dos o más compañías de naturalezas compatibles y mercados similares se juntan para realizar su comunicación de forma conjunta.

Ventajas e Inconvenientes

¿Ventajas? Ahorro de costes, facilidad de puesta en marcha, velocidad de ejecución... Este tipo de acuerdos no requieren de un gran esfuerzo y pueden ser muy efectivos.

¿Inconvenientes? Te toca compartir protagonismo con otras marcas por lo que tu mensaje y nivel de recuerdo puede verse afectado.

Por otra parte, muchos soportes publicitarios suelen cobrar un recargo en función del número de marcas que aparecen en el formato publicitario. En cualquier caso, este recargo nunca anula el nivel de ahorro que supone compartir los gastos de la campaña.

Claves del éxito

La mejor forma de organizar este tipo de acuerdos pasa por encontrar productos complementarios.

¿Qué quiere decir esto? Fácil, si buscas productos que sólo comparten el público al que van dirigido, es muy probable que su convivencia resulte difícil o por lo menos extraña.

Al fin y al cabo, son dos productos distintos en el mismo escaparate sin un nexo de contenido que lo justifique.

Este tipo de comunicación conjunta no es muy efectiva. En efecto, ahorras costes, pero es dudoso que consigas un nivel de comprensión del mensaje y un índice de recuerdo que sea mínimamente satisfactorio.

Sin embargo, si encuentras productos o servicios que se complementan, la historia es totalmente distinta.

Me explico, piensa en ordenadores y software. Son socios ideales para iniciar una estrategia de comunicación conjunta. ¿Por qué? Porque ofrecen productos que se complementan y se aportan valor mutuamente, porque se dirigen al mismo mercado, porque no son competencia, porque... ¿Lo ves?

En este caso, la simbiosis es perfecta. Ordenadores y software no se quitan protagonismo sino todo lo contrario. El mensaje no es distinto y el nivel de recuerdo se ve favorecido por todas estas circunstancias.

Este tipo de publicidad conjunta es la que debes buscar si optas por esta fórmula de comunicación donde te puedes ahorrar parte de los costes de publicidad.

Ejemplo Famoso

Durante mucho tiempo Pizza Hut y Pepsi realizaron campañas de publicidad conjuntas. Es obvio que son dos productos absolutamente complementarios.

Cuando comes una pizza de Pizza Hut (o de cualquier otro sitio) es un momento fantástico para beber tu Pepsi. No se entiende la acción de comer sin la de beber, por lo que cualquier tipo de asociación en este sentido siempre es natural y encaja perfectamente.

Coge papel y lápiz y piensa en todas las compañías que puedan ser complementarias. Analiza qué tipo de comunicación hacen y estudia si tendría sentido involucrarte con ellas. Si es así, plantea una posibilidad de colaboración en términos de comunicación conjunta, promoción conjunta,... y empieza a contactarles.

8 Errores De Tu Plan de Medios

John Wannamaker, uno de los padres de la publicidad moderna, dijo en el siglo XIX que, de todo el dinero que invertía en publicidad, sabía que tiraba el 50%, pero no sabía de qué 50% se trataba.

Es probable que muchas compañías puedan tener la misma sensación y piensen que una parte importante de los recursos que dedican a la comunicación va directamente a la basura. Yo no soy de esa opinión. Aunque puedo estar de acuerdo en que, en ocasiones, el resultado de la publicidad no se puede medir al céntimo. Esto no quiere decir, ni mucho menos, que no podamos tener una idea bastante clara de lo que hemos conseguido.

Desde mi punto de vista, esta frustración se produce, más que por una falta de control sobre los resultados (que también), por errores a la hora de redactar unos Planes de Medios que no terminan de alcanzar los objetivos que persiguen.

Si quieres situarte entre los que no tiran su dinero cuando realizan una campaña de publicidad, asegúrate de que no cometes los siguientes errores:

No tener unos objetivos claros

Esto es lo que los anglosajones llaman tener "SMART Objectives" (Objetivos Inteligentes). SMART es un acrónimo que significa: S (Specific) específicos, M (Measurable) medible, A (Achievable) alcanzables, R (Relevant) relevantes y T (Time Bound) sujetos a un plazo de tiempo. Resulta complicado que cualquier iniciativa obtenga el resultado apetecible si no se han definido unos objetivos claros.

No conocer el mercado al que me dirijo

Para evitar que esto ocurra sólo tienes que hacerte las preguntas adecuadas:

a.- ¿Cómo son mis consumidores? Pregúntate por su edad, sexo, a qué clase social pertenecen, en qué tipo de hábitat viven, qué educación han recibido, dónde se encuentran, etc.

b.- ¿Qué tipo de relación tienen con el tipo de producto o servicio que comercializo? Debes entender porqué lo consumen, en qué lugares se produce el consumo, cómo obtienen información sobre el mismo, cuántas veces lo consumen en un periodo de tiempo determinado,...

c.- ¿Qué medios consumen? A la hora de realizar tu Plan de Medios, es crítico que conozcas qué medios son más afines a tus consumidores, en qué momento del día o en qué fechas los consumen con mayor asiduidad, dónde suelen hacerlo y si lo hacen en compañía o no.

d.- ¿Cuáles son sus intereses? El hecho de saber si les interesa el deporte, la cultura, la moda, la música, el cine, la pintura,... te va a permitir definir el mensaje idóneo. Podrás elegir los soportes publicitarios más adecuados para tus contenidos y, así, desarrollar una publicidad mucho más cercana a tu mercado.

No controlar a tu competencia

No es aconsejable que dirijas tu negocio mirando todo el tiempo qué es lo que hacen tus competidores, pero sí que resulta absolutamente recomendable que entiendas sus movimientos, que conozcas sus estrategias, que investigues qué cantidades invierten y que sepas, en definitiva, cómo te van a afectar sus distintos movimientos.

Estás en medio de un juego complicado donde hay muchos jugadores. En este juego, los movimientos de cualquier jugador tienen repercusión sobre las jugadas del resto. Evita quedarte al margen de lo que está ocurriendo.

No disponer del presupuesto adecuado

Habrás observado que no he hablado de disponer de "mucho presupuesto" sino que he utilizado la palabra adecuado. En este sentido, te diré que puede ser tan peligroso no tener suficiente presupuesto como disponer de una cantidad por encima de las necesidades reales de tu campaña.

Por lo general, todas las campañas tienen un presupuesto ideal (la tuya también). Cuando tu presupuesto ideal está por encima de lo que puedes permitirte, no intentes realizar la campaña con menos dinero. El resultado será pobre. En estos casos, lo que tiene sentido es definir otro tipo de campaña que entre dentro de tus posibilidades

Por otro lado, tampoco deberías invertir por encima de lo que te marca ese presupuesto ideal porque terminarás quemando recursos que no te aportarán el retorno que esperas. Calcula el presupuesto ideal de tu idea y comprueba que está a tu alcance.

No prestar atención a la creatividad

Sin duda alguna, la creatividad es uno de los puntos críticos de cualquier campaña. Las compañías que son capaces de dar con la creatividad adecuada son capaces de conseguir sus objetivos con mucho menos dinero.

Piensa en ello: la creatividad original, la que impacta en la mente de los consumidores, se recuerda mucho más. De esta forma consigue dos efectos simultáneos: por una parte, aumenta la notoriedad del producto o servicio en cuestión y, por otra parte, y debido a ese aumento de notoriedad, necesitarás menos recursos para realizar tu comunicación. Como puedes ver, el resultado es perfecto: mayor notoriedad con menor inversión. ¿Se puede pedir más?

No elegir los medios idóneos

La tendencia natural a la hora de diseñar una campaña de publicidad consiste en utilizar los medios tradicionales, los de siempre, tal y como lo has venido haciendo en otras campañas y como lo ha venido haciendo tu competencia.

Esto no está ni mal ni bien sino todo lo contrario. Lo que quiero decir es que esta utilización de los medios convencionales puede ser idónea si los resultados que de ella se derivan lo son, pero si la elección es, única y exclusivamente, el resultado de la inercia (como suele ocurrir), te desaconsejo que sigas con ella.

En su lugar, trata de ver qué medios son los que encajan mejor con el perfil de tu cliente. Analiza con detenimiento lo que hemos comentado y utiliza toda la información que te permita dar con aquellos medios que son afines a tu mercado.

No medir los resultados de la comunicación

Las campañas de publicidad se hacen para vender más. Si venden, cumplen sus objetivos. Si no lo hacen, no sirven para nada. Luego, podemos disfrazar los resultados de imagen de marca, credibilidad, prestigio, bla, bla, bla, pero la realidad es que lo que realmente importa son las ventas y el nivel de beneficios para la compañía que de ellas se derivan.

Lamentablemente, no siempre podemos ligar directamente ventas con campaña de publicidad, pero es nuestra obligación el establecer lo indicadores oportunos para intentar, en la medida de lo posible, saber que nos está aportando la comunicación.

Por lo general, cuando no trabajamos con anuncios de respuesta directa, resulta más complicado medir el impacto económico. En estos casos, tendrás que fijar qué acciones pretendes que promueva tu comunicación (visitas a comercio, llamadas de teléfono, e-mails,...) y controlar el nivel de éxito conseguido con ellas.

Si, además, puedes hacer un seguimiento desde esas acciones hasta que se concluye la venta, quizás, puedas llegar a medir en términos de venta un porcentaje importante de tu inversión publicitaria.

No extraer aprendizajes

Ésta es una máxima que debes aplicar a todos tus proyectos. Nada concluye si antes no has sido capaz de realizar un análisis de lo que ha sido el proyecto y sacar los puntos clave que te permitirán hacerlo mejor de ahora en adelante.

No hay nada mejor para aprender que la propia experiencia. Los aspectos positivos y negativos de cualquier proyecto te indican el camino que debes seguir en nuevas aventuras.

Presta atención a lo que has hecho, analiza con detenimiento los resultados, recuerda qué has hecho bien e intenta entender porqué no funcionó lo que salió mal. Cuando hayas terminado, aprende de ello y mejora.

A nadie le gusta tener la sensación de que una gran parte de los recursos que invierte en comunicación se pierden o, por lo menos, no se sabe muy bien qué es lo que aportan.

Estos 8 puntos te van a permitir hacer las cosas con un poco más de sentido. Las campañas que respetan todo lo que te acabo de apuntar tienen muchas más probabilidades de proporcionarte lo que esperas de ellas que las que no lo hacen. Los pasos son sencillos, ahora, sólo tienes que encender la maquinaria y empezar a andar.

¿Es Marketing Un Pecho Desnudo?

Si piensas que Sexo y Abogados son conceptos que no terminan de encajar de forma natural, Corri Fetman se ha encargado de demostrarnos todo lo contrario.

Corri, una abogada de Chicago especialista en divorcios, ha desarrollado una de las estrategias publicitarias más sorprendentes de los últimos tiempos.

La historia de Corri se escribe por capítulos:

Primer Capítulo

Con la intención de aumentar el número de clientes de su despacho de abogados, Corri decide en 2007 darle un giro radical a su estrategia de comunicación.

Se lía la manta a la cabeza y contrata una campaña de vallas donde se puede ver el cuerpo espectacular de una mujer en ropa interior y un torso (six packs abs) desnudo de hombre. En el centro de la valla se lee: "La vida es corta. Divórciate" (Life is short. Get a divorce).

La repercusión de la campaña es brutal desde el primer momento. Todo el mundo en Chicago comenta el atrevimiento de la creatividad y los medios locales y nacionales recogen rápidamente la noticia.

Al cabo de una semana, se retira la campaña por un problema de permisos, pero Corri ya ha conseguido la notoriedad que perseguía y montones de clientes están llamando a su puerta.

La campaña es un éxito completo. La notoriedad y el recuerdo alcanzan niveles espectaculares, el boca a boca funciona y los clientes acuden al reclamo. ¿Qué más se puede pedir?

Segundo Capítulo

En enero de 2008, Corri revela que la mujer que aparece en la fotografía es ella misma. Segunda oleada de publicity, más repercusión en medios y, finalmente, la llamada de Playboy.

La revista de adultos por excelencia quiere aprovechar el tirón de la historia y le propone posar desnuda en uno de sus números. Corri acepta rápidamente y la popularidad de la abogada sigue aumentando.

La historia no termina ahí. Después del éxito de las fotos, Playboy le ofrece la posibilidad de convertirse en "La Abogada del Amor" (The Lawyer of Love) en su edición online.

La situación resulta bastante curiosa. Por una parte, Corri contesta con un cierto rigor a preguntas relacionadas con el divorcio y, a pocos centímetros, un link te da paso a una galería de fotos de Corri desnuda. Una asociación extraña que mantiene la presencia de la abogada en los medios.

Tercer Capítulo

La historia empieza a perder interés en 2009 y Playboy suspende la columna. Al poco tiempo, Corri Fetman denuncia a uno de los ejecutivos de Playboy por acoso sexual y reclama una cantidad de 4,5 millones de dólares. La abogada argumenta que la negativa a acceder a sus peticiones es la causa de su despido y del cierre de la columna.

Playboy responde denunciando a Corri Fetman por utilizar la marca "La Abogada del Amor" en su blog.

Los medios se vuelven a hacer eco de este enfrentamiento y Corri recupera la presencia en medios que había perdido.

Cuarto Capítulo

En 2010, la abogada mantiene su blog personal aprovechando el tirón de tres años de popularidad y cierra un contrato con el site del "Chicago Tribune" para relanzar su popular columna "La Abogada del Amor". De nuevo, presencia en los medios y apariciones en programas televisivos tan emblemáticos como Fox News.

No sé lo que Corri Fetman tendrá preparado para los próximos años, pero, si está a la altura de lo que ha hecho durante los últimos cuatro, tiene asegurada su notoriedad durante mucho tiempo.

Cada uno de nosotros puede tener una opinión sobre la estrategia de comunicación de la abogada de Chicago, pero lo que es innegable es que, más allá de otro tipo de consideraciones, Corri ha conseguido una notoriedad espectacular y una marca personal que le ha permitido llenar su bufete con un montón de clientes que pagan religiosamente a "La Abogada del Amor".

Los Peligros De Ser Otro

Hace poco, he tenido la oportunidad de leer en TechCrunch una de las historias más divertidas de los últimos tiempos.

Un tal Mark Davidson ha sido atacado por uno de sus negros. Parece ser que el tal Davidson es, aparentemente, un especialista en Social Marketing. Hasta aquí, todo normal.

Lo que es realmente divertido es que Davidson tenía en plantilla a tres negros (escritores fantasmas) para que rellenasen de contenido su presencia digital. ¡Uhmmmm! Por alguna razón, Davidson decide despedir a uno de estos escritores, pero olvida cambiar la contraseña de su cuenta.

Estos son algunos de los mensajes que podías leer en la cuenta de twitter de Mark Davidson:

"Hola, soy una de las tres personas que han estado escribiendo los tweets de @markdavidson durante los últimos 4 años mientras que él jugaba al golf".

"Déjame contarte la verdad sobre @markdavidson . Apenas sabe escribir Social Media y mucho menos sabe de qué va".

"Y sí, como el antiguo negro de @markdavidson durante los últimos 4 años, estoy borracho, borracho y cabreado (deberías haber cambiado tu password)".

"Todo lo bueno que @markdavidson escribió era mío. Los otros 2 negros son muy aburridos. Buena suerte hermano...."

No te engañes

La historia es divertida. Lo que hay por detrás no lo es tanto. ¿Cuál es la lógica de no ser tú mismo?

Has decidido desarrollar una estrategia. Quieres mostrarte al mundo. Quieres conectar con él. Y para conseguirlo... utilizas a terceras personas para que te representen. Para que construyan la relación. ¿Sobre qué? ¿Sobre las experiencias de otros? ¿Sobre los conocimientos de otros? ¿Sobre las emociones de otros?

¡Es falso! Todo lo que construyas así no funcionará. No lo hará en las redes sociales ni en ningún otro entorno. Se desmoronará. Te estás engañando y engañando a los demás

No nos engañes

Hay otra posibilidad. Es posible que sea una estrategia para ganar notoriedad. Es posible que todo sea falso y que el propio autor haya montado toda la historia. No existe el tal negro que escribe para @markdavidson. Todo es un montaje y es él mismo el que ha creado toda la estrategia.

¿Notorio? Mucho. Además, si consigues que un altavoz como TechCrunch recoja la historia, las posibilidades de llegar a un montón de gente son inmensas.

¿Es correcto? Cada uno que piense lo que quiera. Creo que hay mejores formas para hacerlo que engañar a tu audiencia. La notoriedad es importante. A partir de ella, pasan cosas. Pero no puedes justificar cualquier acción sólo por conseguirla.

Sea como sea, el resultado no es bueno. ¿Por qué? Porque en los dos casos se ha construido sobre el engaño y el engaño no deja buenas sensaciones.

Si no quieres que un escritor borracho termine poniéndote a caldo en la primera oportunidad que se le presente, intenta construir tu negocio como se ha hecho siempre: solventando los problemas de la gente.

Cuidado Con Tus Palabras

Es algo que pasa con cierta frecuencia. Las compañías tienen problemas. Las cosas fallan. Hay veces que lo puedes evitar. En otras ocasiones, es más difícil.

Da igual. Siempre puedes gestionar. Los errores ocurren, pero se pueden gestionar. Mejor o peor. No es lo mismo.

Al final, ahí está la diferencia. Cómo gestionas tus errores. Qué soluciones ofreces.

Mi historia

Seguro que te ha ocurrido en más de una ocasión. Te subes a un avión. Es un avión, es rápido. Te va a llevar a tu destino en un abrir y cerrar de ojos. Subes con esa idea y cuando estás dentro... Cuando estás dentro, no pasa nada. Retraso. Algo falla. Hay que esperar.

Éste es uno de esos casos molestos. Algo ha fallado y tiene consecuencias. Vas a llegar tarde. Vas a perderte la reunión. Vas a... lo que sea. En cualquier caso, no es la mejor de las situaciones.

El fallo está. Ahora, no se puede hacer nada. Hay que tomar medidas para el futuro. Sí, aprender. Intentar evitar que se produzca de nuevo. Pero, ahora, sólo puedes gestionarlo.

La gestión

Una voz agradable suena por la megafonía del avión. Ésa es la primera medida. Informar. Hay alguien que coge el micrófono y te dice cómo están las cosas. Te quita algo de ansiedad.

Decir cosas es importante, pero no es suficiente. Las palabras cuentan. Hay que ver lo que dices. También cómo lo dices. Pero lo que dices puede ser definitivo.

La voz agradable dice que "lamentan comunicar que el vuelo sufrirá un pequeño retraso". Vale. Está bien, pero parece bastante obvio. Ya deberías estar volando.

Hay algo más. Más información. El motivo del retraso. "Nos demoraremos unos minutos más hasta que solucionemos un pequeño problema con... la máquina de calentar café".

Las palabras cuentan

La máquina de calentar café es información, pero no es buena información. No te ayuda a gestionar. ¿No despegas porque el café está frío? Molesta.

Las palabras cuentan. Lo que dices cuenta. No basta con decir la verdad. Hay muchas verdades distintas. Hay que decir la verdad adecuada. La que te ayuda.

¿No se puede despegar hasta arreglar la máquina del café? Puede ser. No lo sé. Quizá, sea parte del protocolo. Hay protocolos para todo. Algunos con más sentido que otros. El problema no es la máquina de calentar café. El problema es lo que dices.

Hay muchas formas de decirlo. "Lamentamos la demora. Estamos solucionando un pequeño problema técnico. En unos minutos entraremos en pista". No es lo mismo. Suena mejor y molesta menos.

Las palabras son importantes. Cuentan. Cuando las utilizas mal, complican las cosas. Cuando sabes cómo manejarlas, te ayudan a gestionar problemas.

Récord de Levantamiento de Cejas

Un tipo se pone delante de una cámara. Anuncia que va a batir el récord mundial de levantamiento de cejas. Suena divertido.

De fondo, el gran "Gettysburg Address". Las famosas palabras de Lincoln durante la guerra civil americana.

"Four store and seven years ago, our fathers brought forth on this continent a new nation, conceived in liberty and dedicated to..."

Dos minutos y medio después, el discurso de Gettysburg ha terminado. Harmon Leon ha batido el récord mundial de levantamiento de cejas.

Es lo suficientemente estúpido como para hacerte reír. Es notorio.

Síndrome del Récord de Levantamiento de Cejas

El levantamiento de cejas funciona. Es gracioso. Es estúpido. Surrealista. Sí, pero es notorio.

Lo consumes. Pasas el rato. Un par de sonrisas y después... Después nada. Es notoriedad de usar y tirar. Ése es su cometido.

Tengo la sensación de que muchas compañías están atrapadas en el "Síndrome del Récord Mundial de Levantamiento de Cejas". Hacen un montón de cosas. Muchas. Divertidas y Notorias.

¿Después? Después no queda mucho. No hay poso

Tiene que ver con los intereses

La notoriedad es un concepto atractivo. Es el principio de muchas cosas. Cuando tu compañía o tú sois notorios, pueden pasar cosas. Si no eres notorio, no pasa nada.

La notoriedad es un concepto atractivo, pero no es suficiente. Hay que combinarla con más cosas. Sola se queda corta.

Notoriedad más... Prueba con los intereses. Haz algo notorio que toque el interés de tu audiencia. Esa pareja funciona mucho mejor. A partir de ahí, puede haber juego.

Luego, estás tú

Sí, ahora le toca a tu mensaje. Es su momento.

Siempre en este orden. Notoriedad, interés, mensaje. No te saltes los pasos. No los combines de otra manera. No hagas cosas raras.

Tu mensaje vale lo que vale la notoriedad y el interés que has despertado. No vale más. Si lo pones delante, matas tu comunicación. Ten cuidado.

Notoriedad, interés y mensaje es todo lo que necesitas. En ese orden.

Es fácil caer en el "Síndrome del récord mundial de Levantamiento de Cejas". Muchos lo hacen. Es divertido. Es notorio. Ganas premios. Te sientes bien.

Es fácil caer, pero no es recomendable.

Presenta Sin Morir En El Intento

No hay nada como una gran presentación para comunicar tu mensaje y conseguir aquello que te hayas propuesto. Una buena presentación transmite ideas claras, impresiona a tu audiencia y decanta su decisión a tu favor.

Mañana es el gran día. Tienes que realizar una gran presentación. Vas a tener a un montón de gente pendiente de ti y no puedes fallar.

Te preguntas constantemente: ¿Qué puedo hacer para mejorar mi presentación?

Lo que no hayas hecho ya va a ser difícil que lo puedas hacer ahora. En cualquier caso, como recomendación general, te diré que una de las tareas más saludables para todos los que presentamos es estudiar qué hacen los grandes oradores: Tony Robbins, Seth Godin, Brian Tracy, Zig Ziglar, Tom Peters,... Obsérvales, estudia sus técnicas, analiza qué funciona,..., pero no trates de imitarles. Simplemente, examina con detenimiento qué es lo que hacen e intenta identificar alguna técnica o técnicas que puedan ser compatibles con tu personalidad. Éste es el mejor consejo que puedes recibir.

De todos modos, siempre hay una serie de elementos que todos los grandes oradores comparten y que debes tener en cuenta. Aquí, tienes una muestra para que los utilices como checklist cuando estés preparando tu próxima presentación.

1.- Ten un mensaje claro. No mezcles demasiadas cosas, Cuanto más simple mejor. Nuestra mente no está acostumbrada a procesar demasiada información al mismo tiempo.

2.- Comunica con pasión. Las cosas se hacen con pasión o no se hacen. Esto lo percibe inmediatamente la audiencia. Si te falta pasión en tu comunicación, ¿por qué debería prestarte atención nadie?

3.- Intenta entretener. Una presentación es un espectáculo donde se transmite información de valor. Pero sigue siendo un espectáculo. Si no enganchas a tu audiencia, tu espectáculo fracasará.

4.- Sé tú. No exageres ni te quedes corto. Sé simplemente tú. Ni más ni menos. Las copias no funcionan y cantan a kilómetros de distancia. Si no quieres parecer un presentador de cartón, déjate llevar por tu personalidad y presenta naturalmente.

5.- Olvida el Power Point. No estoy diciendo que no lo utilices, estoy diciendo que lo hagas correctamente. El Power Point no es una aplicación para leer. Es una herramienta para marcar una estructura, resaltar algún punto o utilizar como apoyo gráfico,.... Quítale tanto texto como puedas y déjale, únicamente, que te marque el camino.

6.- Resalta los puntos importantes que vas tocando a lo largo de la presentación. Todas las presentaciones tienen que estar jalonadas con este tipo de puntos. Ahí es donde se concentra la información importante. Funcionan como puntos de inflexión que te ayudan a organizar la estructura y darle ritmo a la presentación.

7.- Domina el escenario. No te quedes sentado, no estés parado, libérate de cualquier atadura y ocupa tanto como puedas el escenario. Los grandes oradores dominan el escenario. Saben cómo moverse y dónde colocarse para que toda su audiencia se sienta atendida.

8.- Cuenta tus propias historias. Tus historias son interesantes, enganchan y son tuyas. Esto quiere decir que las contarás con pasión, con frescura y con solvencia. No utilices experiencias de otros a menos que tengan una clara justificación dentro de la estructura de tu presentación. Cuando se cuentan experiencias de otros, todo suena a mentira.

9.- Interactúa con tu audiencia. Lánzales preguntas, pídeles que levanten la mano,... Haz lo que estimes oportuno, pero mantenles siempre con el nivel de energía suficiente como para que no dejen de prestarte atención.

10.- Utiliza correctamente tu voz. Los tonos planos no transmiten nada. Deberías ser capaz de contar una historia sin palabras. El tono de voz marca los ritmos, las preguntas, las afirmaciones, las… El tono de voz funciona como una montaña rusa. Tiene momentos de aceleración y otros momentos de relajación, momentos de subida y momentos de bajada. Utiliza el más apropiado en cada momento.

11.- Utiliza gestos para apoyar tus palabras. Los gestos son un complemento perfecto para ilustrar lo que quieres decir. Un buen gesto te ayuda a poner el énfasis donde te interesa y mejora la comprensión de tu audiencia.

12.- Cierra la presentación con conclusiones. Es deseable que sean pocas pero potentes. Éste es uno de los puntos más importantes de cualquier presentación. Recuerda que la audiencia está ahí precisamente para eso. Esas conclusiones son las que se llevará a su casa como resultado del evento.

Pero todos estos puntos no te serán de gran ayuda si no practicas. La práctica es la única actividad que hará que dejes de ser un orador del montón y te conviertas en un orador excelente. Aprovecha todas las oportunidades que se te presenten para practicar. Verás como la calidad de tus presentaciones mejora sorprendentemente a medida que el número de presentaciones que has realizado es mayor.

Practica, practica, practica.

La Ley De Mary Poppins

Seguro que has visto Mary Poppins. Todo el mundo ha visto la película. Es todo un clásico.

La película es fantástica, pero hay algunas secuencias que son, simplemente, increíbles. Uno de los momentos que más me gusta es cuando Mary Poppins enseña a los niños a ordenar su habitación.

¿Cómo lo hace? Con una canción y un poco de magia. La canción dice algo así:

"Con un poco de azúcar esa píldora que os dan, la píldora que os dan..., pasará mejor. Si hay un poco de azúcar, esa píldora que os dan satisfechos tomaréis."

La idea es sencilla. La idea es hacer que algo aburrido se convierta en algo entretenido con un poco de azúcar. En algo que apetece ver, hacer, oír,...

Puedes ser divertido

Es tu opción. Puedes ser divertido. Puedes hacer de Mary Poppins en tu negocio y hacer que las cosas aburridas tengan su punto de diversión. Puedes hacerlo porque es tu decisión.

Algunas compañías lo hacen y les funciona. Cambian cosas, introducen elementos diferentes y crean algo distinto. Algo que se sale de la norma. Cambian el paso y entretienen donde otros aburren.

New Zealand Airlines

New Zealand es una compañía aérea que ha decidido poner un poco de azúcar a su manera de hacer las cosas.

Una compañía aérea tiene un montón de elementos que no son especialmente divertidos. Algunos te resultarán tan familiares como las típicas azafatas inflando los chalecos salvavidas y mostrándote las salidas de emergencia.

Esto puede ser así o puede ser como tú quieras. New Zealand ha decidido darle su toque personal y sus indicaciones de seguridad son muy particulares.

Lo último que han hecho ha sido grabar un vídeo con personajes de "El Hobbit" para enseñar a todos cómo abrocharse el cinturón de seguridad o dónde colocar el equipaje de cabina.

¿El resultado? Un vídeo divertido y más de 10 millones de descargas en YouTube. No está mal para un vídeo sobre la seguridad en los aviones.

Elige tu azúcar

Endulzar las cosas está bien. Como concepto funciona, pero hay que tener cuidado. La idea no es vestirse de Hobbit y empezar a hacer cosas raras. Puede ser gracioso, pero no tiene porqué darte buenos resultados.

La idea es elegir tu azúcar. La que mejor encaja con la personalidad de tu compañía. La que sea. La que endulza la experiencia de tus clientes.

Esa idea es buena. Esa idea hace que tus clientes disfruten más y te recuerden más.

A Mary Poppins le da resultado, a New Zealand airlines también. ¿Entonces...?

11 Preguntas Para Mejorar Tus Ventas

¿Cuál es el camino para mejorar tus ventas? ¿Cómo puedes mejorar tu marketing? Es más simple de lo que puede parecer a primera vista. Todo lo que tienes que hacer es formular las preguntas adecuadas.

Lo primero que hay que tener en cuenta es que no hay contestaciones sin preguntas. Lo segundo, que no hay contestaciones correctas sin preguntas adecuadas.

El marketing no es distinto. Consiste en encontrar las preguntas adecuadas para que tu negocio crezca más. Para que consigas más clientes. Para que les vendas más productos. Para que les vendas siempre.

1.- ¿Cuál es tu nicho?

Aquí es donde empieza todo. ¿Has concretado tu nicho de mercado? ¿Sabes a qué grupo de clientes o empresas quieres venderles? ¿Los has definido de la manera correcta?

Tus esfuerzos no tienen sentido si no has hecho antes una reflexión profunda sobre tu mercado. Es importante saber quiénes son tus clientes. Es importante saber cuáles son sus motivaciones. Es importante saber qué problema tienen.

2.- ¿Cuál es tu USP?

"USP" es un acrónimo inglés que quiere decir "Unique Selling Proposition" (Proposición de Venta Única). Es uno de los acrónimos más importantes en el mundo del marketing.

Esta expresión quiere decir muchas cosas. Quiere decir que hay un problema. Qué tú tienes una solución para ese problema. Que tu solución es única.

Ésa es la magia de una gran USP. Cuando tu solución es única, te has desmarcado de todos. Cuando tu solución es única, has barrido a la competencia.

3.- ¿Tienes un sistema para generar potenciales?

Sin clientes potenciales no hay clientes. Sin potenciales no hay posibilidad de desarrollar tu negocio. Un cliente potencial es aquél que está en disposición de convertirse en cliente tuyo en un futuro cercano.

Primero, defines tu nicho. Sabes dónde quieres apuntar. Después, tienes que diseñar un sistema para identificar qué integrantes de ese nicho son los más adecuados. Los que tienen las características idóneas para convertirse en clientes tuyos. Si lo haces correctamente, el sistema te proporcionará potenciales de forma ininterrumpida.

4.- ¿Cuántas cosas nuevas has probado últimamente?

Hablo de estrategias de venta. De fórmulas para contactar con tu nicho o con tus clientes potenciales. De ir incorporando elementos nuevos para ver si funcionan mejor o peor que los de siempre.

El marketing es un juego de prueba y error. Sí, claro que hay intuiciones, históricos, bla, bla, bla,... Pero hay que probar alternativas nuevas. Hay que testar cuál es la mejor manera de contactar con tus clientes. Hay que descubrir qué funciona mejor para conseguir clientes y mantenerlos. Cuando no hay prueba, no hay mejora.

5.- ¿Qué número de alianzas has cerrado?

Hay dos maneras de mirar al futuro. Sólo o acompañado. Las dos maneras son válidas, pero son distintas. La primera te refuerza el ego. La segunda te llena el bolsillo.

Simplemente, no es posible. No es posible hacer lo mismo sólo o acompañado. Las alianzas sirven para eso. Para hacer más cosas. Para llegar más lejos. Para facturar más y ahorrar tiempo.

Es tan fácil como mirar ahí fuera y encontrar el socio adecuado. El que tiene lo que tú quieres. Al que le puedes aportar algo. A partir de ahí, camináis juntos. Más negocio para los dos.

6.- ¿Cómo sigues a tus Potenciales?

¿Imaginas un sistema que alimentas con clientes potenciales y que produce clientes reales? Ése es el sueño de cualquier negocio.

El concepto es muy intuitivo, pero pocas compañías tienen uno. Cuando consigues un buen número de potenciales, empieza la anarquía. Una oferta. Otra. No hay demasiado control sobre la relación con tu futuro cliente.

Deja de lado el impulso. Piensa con tranquilidad. Hazlo de una forma sistemática. Entiende por dónde han llegado los potenciales. Confecciona ofertas distintas en función de su procedencia y naturaleza. Comprueba los resultados. Piensa en un plan B cuando no funciona. Reinicia el proceso.

7.- ¿Cuánto te cuesta conseguir un cliente nuevo?

Haz la prueba. Sal ahí fuera y pregunta cuántos saben lo que les cuesta conseguir un cliente nuevo. Respuestas: caras extrañadas, hombre yo creo que..., no se puede medir exactamente,...

Si no sabes cuánto te cuesta captar un cliente nuevo, ¿cómo vas a saber qué recursos tienes que dedicar para conseguirlos? ¿Qué sentido tiene hablar de presupuestos cuando no sabes el resultado que te pueden aportar?

8.- ¿Cuál es tu tasa de deserción?

La palabra es fea, pero el concepto es potente. ¿Cuántos clientes te abandonan? ¿Cuántos clientes han probado tu producto o servicio y deciden marcharse porque no les ha convencido?

La tasa de deserción sirve para muchas cosas. Cuando es alta, te dice que tienes problemas. Saltan todas las alarmas. Te invita a localizar tus errores y solucionarlos. Cuando es baja, es una gran sensación. Aumenta la vida de tus clientes. Aumenta su valor. Aumentan tus ingresos por cliente.

9.- ¿Tienes productos backend?

Conseguir clientes está bien. Que compren tus productos está bien. Pero sólo es el principio del camino.

Al final del embudo es donde está el dinero. Primero, productos sencillos, de poco precio. Primero, se bajan las barreras para que te prueben, para que sepan cómo eres. Valor desde el primer momento. Después otro tipo de productos. De mayor nivel. Más precio. Más margen.

¿Tu trabajo? Producir productos para todos los niveles de consumidor. Ayudarles a recorrer contigo ese embudo. Llevarles de la mano desde los primeros productos a los productos backend. A los productos donde se hace el dinero.

10.- ¿Cuántos clientes llegan por referencias?

Aunque hay muchos sistemas para conseguir clientes, quizá la referencia es uno de los más importantes para los pequeños negocios.

Puedes dejarlo al azar o puedes hacerlo con sentido. El azar funciona, pero le falta control. No puedes esperar lo que no controlas. Lanza un sistema para conseguir referencias: pídelas, incentívalas (si es necesario), mide sus resultados, ajusta el sistema.

11.- ¿Haces seguimiento de tus clientes?

Cualquier negocio es una relación con tus clientes. Eso es todo. No es poco. Las relaciones pueden ser de muchas maneras, pero todas tienen continuidad. Cuando las dejas de lado, cuesta retomarlas. Hay que empezar todo de nuevo. No es fácil.

Tus clientes funcionan igual. Necesitan seguimiento. Si te olvidas de ellos, ellos se olvidan de ti. Tiene sentido.

Tu relación debe ser una relación de valor. No te confundas. No vendas a todas horas. No des lo que no te piden. Da valor. Dales información que aprecien. Que les ayude. Que les mejore su vida. ¿Tus productos? También, cuando sea el momento.

Estas preguntas son importantes. Resumen todo lo que tienes que hacer para que tu negocio venda más y siga creciendo. Revísalas y contéstalas con detenimiento. Los resultados pueden ser espectaculares.

Tres Momentos Críticos

Si has tenido que presentar en alguna ocasión, es muy probable que conozcas el viejo dicho de la repetición. ¿En qué consiste?

Es simple. Cuando presentas algo, cuando vendes una idea, tienes que hacer tres cosas. Decir qué es lo que vas a contar, contarlo y recordar qué es lo que has contado.

Quizá te parezca muy obvio. Lo es, pero sus resultados son increíbles. Cuando lo haces, tu mensaje llega. Tu audiencia lo entiende y todos ganáis.

Primer momento crítico

En la venta pasa algo parecido. También hay tres momentos críticos. El primero es la comunicación. Cuando te das a conocer. Todavía no has vendido nada. No ha habido contacto.

Es el momento de la introducción. Le tienes que contar a tu mercado todo lo que tu producto puede hacer por él. No hables de ti. Habla de lo que le preocupa a tu mercado y de lo que tu solución le puede aportar.

Llega el momento de vender

Si la comunicación ha sido buena y tu preventa ha funcionado, ahora llega tu momento. Te has ganado el derecho de contar las cosas con tranquilidad.

No hay que hacer nada excepcional. Sólo hay que contar lo que has dicho que ibas a contar. Tienes tiempo. Te has ganado el derecho. Toma aire y empieza. Habla de beneficios, soluciones. Aporta testimonios de tus clientes, argumenta las objeciones,...vende.

Si las cosas han salido bien, habrás realizado tu venta. Habrás superado los dos primeros momentos críticos.

Es hora de rematar la situación

Éste es un gran momento. Es el que marca la diferencia. Aunque sus resultados son espectaculares, pocos lo ponen en práctica.

Es el momento de la comprobación. Ya has vendido. Sólo tienes que dejar pasar un poco de tiempo antes de contactar de nuevo con tu cliente y comprobar cómo va todo. Cómo se está comportando tu producto. Cómo está cubriendo sus expectativas.

Le recuerdas de nuevo todo lo que le habías contado con anterioridad. Confirmas que todo está en orden.

Es el tercer momento crítico de la venta que muchos olvidan. Pero es ahí donde están los grandes ingresos. Es ahí donde se estrechan las relaciones. Es ahí donde se puede invitar a tu cliente a que pruebe otros productos que tengan sentido en ese contexto.

Las presentaciones y las ventas se parecen mucho. Es probable que sean lo mismo. Cuando respetas los tiempos y repites la fórmula, las cosas funcionan, las ideas llegan y las ventas aumentan.

El Marketing Trabaja Con Números

Al principio resulta algo más complicado. Tiene sentido. Empiezas algo y no tienes el conocimiento. Vas avanzando poco a poco. Vas encontrándote con las cosas. Es un proceso de descubrimiento.

Por lo general, pones el foco en lo que es más inmediato. Lo que resulta más evidente. El producto es el rey. Es inmediato, es evidente y es tangible. No tienes que pensar demasiado. Lo tienes delante. Sólo tienes que ponerte a trabajar. Dedicarle tiempo.

Todos queremos tener un gran producto. Ésa es su gran fuerza. Es intuitivo.

¿Dónde empieza todo?

Depende de a quién le preguntes. Cada uno tiene su opinión. Muchos piensan que las cosas empiezan en el producto. Es así. Tienes un gran producto y tienes un negocio. Las cosas tienen que llegar. En algunas ocasiones llegan. En otras no.

Creo que el producto es importante. Seguro que sin producto no hay negocio, pero con producto tampoco tiene porqué haberlo.

Ahora, tienes que decidir dónde pones el foco. ¿El producto? Sí, claro. Hasta un cierto punto. Al final, todo está en el mismo lado. En el lado del cliente.

Siempre el cliente

No hay pensamientos demasiado originales. El cliente tiene la llave de todo.

¿Tu producto? Tu producto también, pero de otra manera. Hazte con un producto que tenga una diferencia y véndelo. Un producto que ofrezca un beneficio distinto y sácalo al mercado. No pongas más esfuerzo en mejorarlo, ni en aumentar la cartera de productos, ni en nada más. Ya volverás sobre él más tarde. Ahora, céntrate en el cliente. Sal y vende.

Los números

En el inicio es así. Hay que conseguir clientes. Siempre hay que hacerlo, pero al empezar es más importante. Tiene que ser una obsesión. No puede ser de otra manera.

Tus clientes dependen de tus números. No hay demasiado secreto. Tienes que salir y contactarles. Cuantos más contactos, mejor. Cuantos más contactos, mayor es la probabilidad de conseguir clientes.

¿Tu trabajo? Definir claramente qué clientes te interesan e ir a por ellos de una forma obsesiva. Aumentar el nivel de relaciones, de visitas, de reuniones,... de lo que sea que te ponga delante de un posible cliente. En este caso, más es mejor. En este caso los números importan.

El marketing es un juego de números

El marketing funciona así. Es un juego de números. De dos tipos de números. Los números de todos los posibles clientes que contactas y los números de los que conviertes.

Son distintos, pero, cuando los combinas correctamente, tienen un efecto multiplicador. Por un lado, tienes que intentar llegar a todos. A todos los que te interesan. Si aumentas el número de contactos, aumenta el número de clientes. No es demasiado sofisticado, pero funciona. Es una regla que nunca falla.

Éste es el primer número y es el número más importante, pero hay que seguir.

Después, está el segundo número. Tus tasas de conversión. ¿Qué haces para convertir esos contactos en clientes? ¿Funciona? ¿Sí? Sigue mejorándolo. Siempre hay que mejorarlo. Más conversión, más clientes. Tampoco es demasiado sofisticado, pero hay que hacerlo.

El marketing es un juego de números. Cuando sabes qué números tienes que gestionar y cómo combinarlos, sólo tienes que hacerlo. Luego, te puedes dedicar a otras cosas. Luego, puedes volver sobre el producto y mejorarlo. ¿Por qué no?

Un Poco De Ayuda De Tus Clientes

Si tienes la tentación de invertir montañas de dinero en tu próxima campaña de publicidad o promoción de ventas... ¡Adelante! Hazlo. Es tu opción. Publicidad y promoción funcionan. Han funcionado durante muchos años y lo seguirán haciendo en el futuro.

En cualquier caso, antes de hacer nada, antes de invertir nada, piénsatelo dos veces. ¿Por qué? Porque, si eres el propietario de un pequeño negocio, hay mejores opciones.

Más Alternativas

Anuncios, promociones, grandes fuerzas de ventas... están bien. Todo ayuda. Seguro. Pero eres un pequeño negocio. Tus recursos son limitados. No puedes fallar.

La mejor fórmula para crecer... tus clientes. Sí, ellos. Los que compran tus productos. Los que te conocen y confían en ti. Ellos pueden ser una fuente inagotable de negocio.

Tus clientes son tus clientes. Consumen tus productos o servicios. Ésa es la parte obvia. Esos son tus ingresos directos. Además, tienen otra faceta...

Piensa en tus clientes como en una inmensa fuerza de ventas. Un ejército de comerciales que venderán tu producto cuando surja la oportunidad. ¿Por qué no iban a hacerlo? Tienes un gran producto. Das un gran servicio. Ellos están encantados. Sólo tienes que pedírselo.

¿Cuáles son las ventajas?

Las recomendaciones de tus clientes son tu mejor campaña. Es la mejor fórmula para conseguir nuevos clientes e ingresar más. ¿Por qué? Por un montón de razones...

1.- Facilitan el contacto. Funciona como un abre-puertas. No hay nada como una recomendación de un tercero para conseguir una reunión. Una llamada, una nota, un... son suficientes para que alguien con un posible interés en tu producto te reciba.

2.- Son creíbles. Puedes hablar de ti y puedes vender todas tus virtudes, pero es mucho mejor que tus clientes lo hagan por ti. El efecto es totalmente diferente. Cuando tus clientes hablan de ti, les están diciendo a todos que eres una persona de fiar. Les están diciendo que ellos confían en ti y que los demás también pueden hacerlo.

3.- No cuestan nada. Por lo menos, no deberían. El tema es sencillo, cuando pagas por una recomendación, vas contra la naturaleza del sistema. La recomendación es potente porque es creíble. Cuando hay recompensa por en medio, no es lo mismo. Si hay dinero, hay interés. Todo es distinto. Piénsatelo antes de incentivarlas. Si lo haces, hazlo con elegancia. Intenta compensar con beneficios en lugar de dinero. Sesiones sin cargo, material con descuento,... Pequeños detalles que se entiendan como una atención.

4.- Aportan más. Esta es una gran característica. Los clientes que consigues por recomendación saben cómo funcionas. Se lo han contado. Cuesta menos servirles. También, pelean menos el precio. Tienen confianza en tu producto y lo valoran. ¿El precio? Es importante, pero es más importante la confianza. Están dispuestos asumir el precio si así se aseguran la confianza.

5.- Suponen alrededor de la mitad de las ventas. No hay cifras exactas. Cada sector funciona de una manera diferente, pero todos están de acuerdo en que las recomendaciones pueden superar el 50% de los ingresos de un pequeño negocio. En algunos casos, es prácticamente la totalidad. Da lo mismo la cifra. Es la fuente de ingresos más importante para un pequeño negocio.

El método tradicional

Hay varias formas de conseguirlas. Está el método tradicional y está el método profesional.

El método tradicional lo deja todo en manos del azar. Bueno...no todo es azar. Has realizado un gran trabajo. Sin un buen producto o servicio no hay recomendaciones. Después se pierde el control.

Si tu cliente está encantado, es posible que te recomiende. Si surge la oportunidad y se acuerda, lo hará. Si no es consciente de lo importante que es para ti, es probable que no lo haga. Simplemente, no le da importancia. No lo considera. Ése es el punto débil del método tradicional.

¿Funciona? Funciona, pero hay demasiados elementos sueltos. Demasiada incertidumbre.

Un poco más de trabajo, pero...

El método profesional es algo diferente. Pretende ser más ortodoxo. La idea es definir una serie de pasos que te permita diseñar el proceso y controlarlo. Si hay control, hay posibilidad de medir y mejorar.

1.- Trabaja tu mentalidad. Todo empieza en tu cabeza. Puedes desear que tus clientes te recomienden o puedes ser más claro. Puedes pedirles directamente que lo hagan. No hay nada como hacerlo de esta forma para que todos entiendan qué es lo que realmente te importa y cuánto valoras su colaboración.

¿Complicado? Sólo si no confías en la calidad de tu trabajo. Sólo si tienes dudas sobre lo que haces. Si tu trabajo es excelente y tu relación es buena, ¿por qué no vas a pedir la colaboración de tus clientes? Claro que sí. ¡Hazlo! Te la darán encantados.

2.- Elige el momento adecuado. Depende de la relación que tengas con tus clientes. Por lo general, hay momentos que pueden ser mejores que otros. ¿El más evidente? Cuando un cliente te felicita por el trabajo que has realizado. Está contento, muestra su agradecimiento. No necesitas más pruebas. Ése es un gran momento.

Por extraño que parezca, las reclamaciones también son un buen momento. La situación es complicada, pero eres capaz de solucionar el problema. Es un momento de éxito, de celebración. Es un buen momento. Hay más. Todos comparten las mismas características. Son momentos en los que te sientes fuerte. Son momentos en los que tus clientes están agradecidos.

3.- Aprende a pedirlas. Si les dices a tus clientes satisfechos que te encantaría que te recomendasen, has dado el primer paso. Está bien, pero hay que dar algunos más. Intenta concretar. ¿Qué significa esto? Cuando pides recomendaciones en general, vas a recibir una declaración de intenciones. Es agradable, pero no es muy diferente del método tradicional.

Acota más el terreno. Defínelo. Da pistas. Nombra sectores. Habla de características de compañías o personas a las que podrías servir. Provoca la chispa en la mente de tu cliente. Consigue que conecte tu recomendación con un nombre, una cara, una organización. ¿Ya está? Lo has conseguido. Ahora, tienes una recomendación real. Pídele los datos y la autorización para contactar en nombre tuyo. Mucho mejor, pídele que te introduzca él.

4.- Prepara el material. Tienes que hacerlo fácil. Si tus clientes van a hablar de ti, dales las herramientas para que lo hagan correctamente. No les hagas pensar. No les hagas recordar nada en absoluto. Recuerda que tú eres el más interesado. Tú eres el que tienes que conseguir que todo el sistema funcione.

Puede ser algo tan simple como unas cuantas tarjetas. Si tienes algún folleto, también puede funcionar. No les des demasiada información. Sólo la imprescindible. La que les permita compartir tus datos y les recuerde constantemente que valoras mucho su colaboración.

5.- Mide los resultados. Al final, todo depende de los resultados. Monta un sistema sencillo para hacer un seguimiento de tu estrategia de referencias. Controla las fuentes de referencia. ¿Cuántos recomendados te llegan? ¿Qué consumen? ¿Cómo se comportan?...

Organiza la información que vayas obteniendo con cuidado. Ésta es una de las palancas de mejora. Cuando sabes por dónde te llegan las mejores referencias, puedes sacar conclusiones, mejorar tu sistema y aplicar las variaciones a partir de ese momento.

6.- Agradece la colaboración. Éste es un punto importante. Nos gusta colaborar. Nos gusta ayudar a los demás. Hacer que mejoren. Nos gusta involucrarnos. Pero también nos gusta que nos lo reconozcan. Que se acuerden de nosotros. Que agradezcan nuestros esfuerzos.

Agradece el apoyo. Agradécelo siempre. Hazlo de una manera sincera. Ofrece tu colaboración. Si se te presenta la ocasión, devuelve el favor. Recuerda que esto es una relación y las relaciones se mueven por emociones. Haz que la tuya esté llena de emociones positivas.

Si lo haces de esta manera, provocarás las recomendaciones, dirigirás el proceso y lo podrás medir. Tendrás un sistema de referencias que podrás trabajar. Lo mejorarás con el tiempo y se convertirá en una fuente inagotable de clientes.

Ahora, tienes que poner todo esto en marcha. Elige con quién quieres empezar. Quién puede ser el primero. Escoge el momento y... ¡Adelante! Después sólo tienes que repetir. Una, dos, tres,... las que hagan falta. Ésa es la magia de los sistemas. Cuando los pones en marcha, funcionan.

El Tiempo No Es Tu Amigo

Cuando llega el momento de fijar precios, te surgen dudas. ¿Cuál es el precio más adecuado? ¿Qué cantidad me va a permitir ingresar más? ¿Si lo subo un poco, compensaré la pérdida de clientes?

Fijar precios es una combinación de ciencia y arte dónde no está muy claro cuál de los dos componentes tiene más peso. Si, además, te mueves en el mundo de los servicios, el tema se complica. ¿Qué precio tiene algo que no puedo tocar? ¿Si no lo puedo pesar y medir, qué valor tiene?

El Punto de Referencia

Seguramente tiene un gran valor, pero no es fácil colocarle un precio que se entienda. Cuando esto ocurre, buscas una referencia que sea válida para todos.

La referencia es obvia. ¿Qué elemento es igual para todos? ¿Qué elemento afecta de la misma manera a todo el mundo? El tiempo. El tiempo es un gran punto de referencia. Siempre se comporta de la misma manera, no es opinable y afecta a todos por igual. ¿Qué más se puede pedir?

La comodidad no es la mejor solución

El tiempo es un gran punto de referencia para muchas cosas, pero no es un buen criterio para fijar precios.

El tiempo es cómodo. No hay que pensar demasiado. ¿Qué ofrezco? ¿Consultoría? ¿Cuánto cobra mi competencia por hora? ¿Tanto? Entonces yo... Solucionado. Sencillo y rápido.

Es cómodo, pero se deja muchas cosas por el camino. Iguala a los que tienen menos que ofrecer. Compara la igualdad y olvida la diferencia. No es demasiado recomendable, pero se utiliza casi siempre.

Quizá merezca la pena buscar otras referencias para fijar tus precios: ahorros generados, ingresos, garantías, acabado,... No sé, habría que darle un par de vueltas según el servicio y el sector, pero seguro que hay respuestas. Si no las encuentras, siempre te queda el tiempo.

De todas formas, siempre que hablo de precios, me viene a la cabeza un conocido chiste que explica todo esto:

Una señora tiene una avería en la caldera. Llama al servicio de reparación urgente. En 20 minutos se presenta el técnico. "¿Qué le pasa? La caldera no funciona". El técnico saca una llave inglesa y gira una tuerca. Guarda la llave inglesa. "Señora, son 300 euros". La mujer sorprendida grita: "¿300 Euros? Pero si ha tardado 1 minuto en arreglarlo". El técnico le contesta: "Sí, señora, 1 minuto en apretar la tuerca y 20 años en saber qué tuerca apretar"

Tu Tarjeta De Visita Vende

Están ahí. Son tan habituales que dejamos de pensar en ellas. Todos tienen una tarjeta de visita.

Por lo general, un trozo de papel de algún color, algunos datos y se acabó. Ya tienes tu tarjeta de visita.

No necesitas más. Bueno, muchos creen que no necesitan más. Al fin y al cabo, es sólo una referencia. Algo para cubrir el expediente. No hay que darle demasiadas vueltas.

¿Qué es una tarjeta de visita?

Una tarjeta de visita es mucho más que todo eso. Una tarjeta de visita es una oportunidad.

Una oportunidad para conseguir un cliente. Una oportunidad para que tu cliente se la pase a otro posible cliente. Una oportunidad para aumentar tus ingresos.

Puedes darle el trato que quieras, pero el resultado será diferente. Si piensas en tus tarjetas de visita como piensan todos, tus resultados serán los mismos resultados que obtienen los demás. Discretos. Con suerte, tus tarjetas almacenarán polvo en algún tarjetero y poco más.

Si piensas en tus tarjetas como una herramienta de venta, el tema cambia. Si lo haces de este modo, es probable que le dediques el tiempo y la atención que se merecen y que el resultado sea mucho mejor.

¿Cómo funcionan las tarjetas de visita?

El mecanismo es sencillo. Es un instrumento perfecto para dejar tu huella en un cliente o posible cliente.

Para conseguirlo, hay que tener en cuenta algunos elementos: tiene que ser notoria, tiene que ser coherente con la personalidad de tu compañía, tiene que dar la información correcta y tiene que explotar todas las posibilidades.

¿Cómo puedes hacerlo? Sigue leyendo y te irás haciendo una idea.

1.- El tamaño importa

Sí, el tamaño importa. Pero en este caso, la fórmula es algo diferente. Más grande no es mejor. Más pequeño tampoco. Estándar es mejor.

¿Por qué? Por una razón poco glamurosa, pero necesaria. El destino de las tarjetas de visita son los tarjeteros. Éstos suelen tener las medidas mínimas necesarias para albergar tarjetas estándar.

El tamaño comúnmente aceptado para las tarjetas de visita es alguna medida alrededor de 9x5cm.

Si tu tarjeta es más grande, no entrará en el tarjetero. Algunos de tus clientes potenciales son tan generosos que recortarán la tarjeta y la introducirán en el tarjetero. La mayoría son algo menos generosos y, simplemente, la tirarán a la papelera.

Cuando tu tarjeta es más pequeña, no aprovechas todo el espacio que está a tu disposición. Piensa en la publicidad en medios impresos. ¿Qué anuncios cuestan más: los grandes o los pequeños? Los grandes. Ahí tienes la contestación.

¿Entonces? Estándar es la solución. No hay que inventar demasiado en este sentido. Sólo hay que seguir la regla para saber que no te confundes.

2.- La forma es peligrosa

Aquí, la reflexión es similar a la del punto anterior. ¿Experimentar? Está bien siempre que no te cueste dinero.

El mensaje no es "haz lo que hacen los demás". De hecho, hay que diferenciarse, pero si el hecho de hacerlo a través del tamaño o de la forma pone en peligro el objetivo de la tarjeta, no lo hagas. Por lo menos, no lo hagas por esa vía.

Las formas diferentes pueden ser divertidas y notorias, pero asegúrate de que siguen respetando las reglas básicas: entran en los tarjeteros y se pueden manejar fácilmente.

La conclusión es la siguiente: si quieres cambiar la típica forma rectangular de las tarjetas de visita, encuentra una razón lo suficientemente importante para hacerlo.

Si la has encontrado, confirma que tu nueva forma sigue las reglas básicas. Las estrellas, los triángulos, los círculos, los... no funcionan. Son divertidos, pero no merecen la pena.

3.- Los materiales te diferencian

Ésta es una buena fórmula para marcar la diferencia. No es algo que tengas que hacer sí o sí. Hay millones de diseños excepcionales de tarjetas de visita hechas en papel, pero si te apetece probar esta posibilidad, ¡adelante!

Sólo hay una restricción. Debe tener un sentido. La idea no es que tu tarjeta de visita sea de madera o de metal o de... lo que sea porque sí. Eso no funciona.

La idea es que tu tarjeta de visita sea de madera si eres carpintero o de metal si eres un artista que trabaja ese material... o cualquier otra combinación que puedas imaginar y que refuerce tu mensaje.

Luego... lo de siempre. Recuerda que tu tarjeta, sea como sea, irá a parar a un tarjetero y que en ese tarjetero debe competir por su parcela de notoriedad.

4.- El estilo te identifica

El estilo es el conjunto de elementos que muestra la personalidad de tu negocio. Aquí, la palabra es coherencia.

El estilo puede ser tan original como te parezca oportuno, pero tiene que mostrar al mundo cómo eres y lo tiene que hacer de una forma coherente.

¿Qué significa ser coherente? Significa mantener el mismo estilo que has mostrado en otros elementos de comunicación: colores, símbolos, formas, tipografías, tratamiento,...

Todo debe ser coherente. Todo debe identificarte. Todo tiene que mostrar tu personalidad. Todo tiene que ser similar.

La prueba es sencilla. Cualquiera debería ser capaz de identificar tus elementos (tarjetas de visita, sobres, papel, anuncios,...) entre un montón de elementos de otros. Si no es así, algo falla.

5.- Sólo la información necesaria

La información necesaria es la información necesaria. No te preocupes por los espacios en blanco. Son fantásticos. Sirven para muchas cosas. Para mejorar tu diseño, resaltar otros espacios, dirigir tu atención,...

Resiste la tentación de rellenarlo todo con palabras o dibujos. Resiste la tentación a menos que ése sea tu estilo, o tu imagen o tu...

¿Qué información es información necesaria? La que dice quién eres, qué haces y dónde se puede contactar contigo. Eso es todo lo que tienes que contar.

¿Quién eres? Éste es el turno de tu nombre (y del papel que desempeñas), del nombre de tu compañía y de tu logo. Se acabó. Esto es todo lo que necesitas.

¿Qué haces? No hay que hacer grandes declaraciones. Sólo hay que reflejar lo que los anglosajones llaman "tag line" y que viene a ser algo así como una línea que explica los motivos por los que tienen que comprar tus productos o servicios: el asesor de las compañías líderes, más clientes para pequeños negocios, conectando personas, pizza fresca y caliente en 30 minutos o es gratis,...

¿Dónde se puede contactar contigo? Esta parte es importante. Le estás diciendo a tu cliente o potencial cliente donde puede localizarte. Aquí tienes que reflejar tu dirección, teléfono, email y la dirección de tu Página Web.

No, no hay que incluir tu dirección de Twitter, ni YouTube, ni Facebook, ni... No hace falta porque toda esa información deberá aparecer en tu Web.

¿No tienes Web todavía? Entonces el problema es otro. Deja las redes sociales en un segundo plano, céntrate en desarrollar tu Página y, cuando lo hayas hecho, refleja en ella todas tus direcciones online. Ésa es la secuencia lógica. Hacerlo de otra manera es perder el tiempo.

6.- El reverso también juega

La parte principal de tu tarjeta de visita es el anverso. Toda la información crítica debe aparecer ahí. Por muchas razones, pero principalmente porque, cuando la tarjeta llegue al tarjetero, el anverso es la única parte de la tarjeta que se verá.

Eso es así, pero no aprovechar las posibilidades que te ofrece el reverso es dejar pasar una gran oportunidad.

¿Para qué sirve el reverso de tu tarjeta de visita? Para varias cosas. Quizá lo más obvio es utilizar esa superficie para reflejar un listado de tus productos o servicios más importantes.

Ésa es la solución típica, pero hay otras que también pueden resultar muy interesantes. ¿Por qué no aprovechas ese espacio en blanco para comunicar una promoción?

Puede ser una promoción directa para la persona a la que has entregado la tarjeta o puede ser algo un poco más elaborado.

Puedes invitar a tu cliente a que comparta esa tarjeta con su red y que se beneficie al hacerlo.

Ofrece algo interesante a todos. Una sesión gratuita o una cata de producto o lo que sea a tus nuevos clientes y otra a aquéllos que les hicieron llegar las tarjetas.

Puedes hacer casi de todo. Las posibilidades son infinitas. La idea es aprovechar el soporte que te ofrece tu tarjeta de visita y, a partir de ahí, dejar correr tu imaginación.

7.- El diseño es definitivo

Ya tienes todas las piezas necesarias para dar con una gran tarjeta de visita. Ahora, sólo te falta combinarlas de la forma adecuada para que el tema funcione.

A la combinación de todas estas piezas se le llama diseño y es el ingrediente más importante de cualquier tarjeta.

No lo dejes en manos de un amigo que maneja el photoshop o del primo que acaba de terminar un curso de diseño por ordenador. Es demasiado importante como para asumir este tipo de riesgos.

Ahora, toca gastarse dinero. Es así. Las cosas buenas cuestan y tú quieres que ésta sea tan buena como sea posible. Al fin y al cabo, es tu imagen.

Busca una agencia o un freelance que sepa de lo que habla. Consulta sus trabajos anteriores y encárgale el diseño de tu tarjeta de visita.

Conseguirás dos cosas: un look profesional y el diseño que te puede diferenciar de los demás.

El look profesional es obligatorio. Funciona como un filtro. Cuando tu tarjeta tiene una apariencia profesional, tú eres un profesional y pasas el corte. Cuando tu tarjeta parece amateur, tú eres un amateur y terminas en la papelera. Así son las cosas.

El diseño te diferencia. Cuando eres capaz de combinar todas las piezas de una forma inteligente, eres tú. Tienes tu personalidad y eres diferente. A partir de ahí, sobresales y puedes ganar la atención de los demás.

Recuerda, si hay momentos en los que hay que invertir, seguro que éste es uno de ellos.

Cuando tienes en cuenta todos estos elementos, estás en disposición de diseñar tarjetas de visita memorables. Tarjetas de visita que te ayudarán a vender más.

Si no lo haces, seguirás entregando trozos de cartón que terminarán en la papelera.

16 Formas De Espantar A Tus clientes

Sí, sí, es intuitivo. Todo el mundo lo sabe. "A los clientes hay que tratarles bien".

Ésta es una expresión peligrosa. Cuando no le pones apellidos a las expresiones, son difíciles de entender. ¿Qué es "bien"? ¿Qué hay dentro de "bien"? ¿Es lo mismo para ti y para mí? Seguramente no.

Hay que ir un poco más allá. Hay que definirlo. Tienes que concretarlo para que no te surjan muchas dudas.

Tienes que saber qué puede espantar a tus clientes. Qué puede hacer que salgan corriendo.

1.- No ser el mejor en algo

Es así. Haz algo bien. Hazlo muy bien. Mucho mejor que los demás. Elige algo en lo que creas que puedes destacar y destaca.

Inventario, especialización, entrega,... Cualquier elemento puede funcionar siempre que esté relacionado con tu negocio. Tienes que ser el mejor, tienes que contarlo y tu cliente tiene que saberlo. ¿Hay otra razón para que compren tus productos?

2.- Tener demasiadas reglas

Tienes que hacerlo fácil. No puedes poner barreras. Conseguir clientes es demasiado complicado.

La situación es la siguiente. Te gusta un producto. Lo quieres comprar. Cuando lo haces, hay más cosas. Hay que leer la letra pequeña. Hay que repasar la garantía para entender qué contempla. Hay que...

Es demasiado complicado. Las cosas tienen que ser simples. Compras un producto. Eso es todo. No quieres complicaciones. Quieres seguridad.

3.- Desconocer tu sector o tu producto

Vendes muchas cosas, pero también vendes conocimiento. Es la mejor forma de ganarse la confianza de tus clientes. Tienes conocimiento y les asesoras. Les solventas sus dudas.

La idea es convertirte en la referencia. El conocimiento te ayuda. Te da autoridad. Tus clientes se sienten seguros. No tienen que buscar en otro sitio.

4.- Dejar mal a la competencia

No es correcto. No es elegante y da mala imagen. Competir no consiste en humillar a los demás. Tiene poco que ver con eso.

Competir consiste en hacerlo mejor que los demás. Ahí es donde te tienes que centrar.

Cuando vendes tu producto o servicio, vendes tu diferencia, porqué puede encajar en las necesidades de tu cliente, cómo puede ayudarle.

Si atacas a los demás, es probable que no tengas grandes argumentos. Tu cliente lo sabe. Hablar mal no te deja en buen lugar.

5.- No tener el precio adecuado

El precio es importante. Sí, claro. Pero no estoy hablando de precios altos o precios bajos. Eso no es importante. Es importante la lógica que hay detrás de ellos.

¿Tus precios son altos? ¡Fantástico! ¿Por qué? ¿Hay una razón que lo justifique? ¿Es suficientemente potente? ¿Lo puede valorar el cliente? ¿Sí? No hay problema. Tienes un argumento, es poderoso y sabes defenderlo. No necesitas mucho más. Hay otras opciones. Sí, pero no son la tuya.

¿Tus precios son bajos? ¡Fantástico! ¿Por qué? El mecanismo es el mismo. ¿Tienes un buen argumento (capacidad de compra, producción propia,...)? No hay problema.

Tu precio es adecuado si tiene una argumentación y es coherente con lo que persigues.

6.- Hablar sin parar

¡Cuidado con tus palabras! No interesan demasiado. Aquí no gana quien habla. Aquí gana quien tiene la capacidad de escuchar.

Tu trabajo es escuchar. Escuchar a tus clientes. Qué quieren. Qué necesitan. ¿Cómo les puedes ayudar si no les has escuchado antes? ¿Cómo puedes hacerlo si no sabes qué es lo que están buscando? Difícil.

7.- Dar consejos interesados

Hay dos tipos de escuela. La que persigue la venta y la que persigue al cliente.

La que persigue la venta hace todo lo posible por vender. Argumentaciones discutibles, consejos interesados,... Después de la venta no hay nada. Es su manera de hacer las cosas.

La que persigue al cliente hace todo lo posible para que el cliente quede satisfecho. Unas veces vende otras veces no. Después, siempre queda el cliente.

8.- No respetar los tiempos

Hay pocas cosas que molesten más a tus clientes que no cumplir los plazos. Los plazos hay que respetarlos.

Al final, es sólo un día, quizá dos... No es grave. Es poca cosa.

El tema no funciona así. No depende de cuánto incumples. Tiene que ver con el hecho de incumplir. Una semana, un día, una hora,... ¿Incumples? No me puedo fiar de ti. ¡Adiós!

9.- Dar lecciones

Dar lecciones y asesorar son cosas muy distintas. Está bien que orientes a tus clientes. Que les ayudes. Que les digas por dónde pueden ir. Eso es lo que tienes que hacer. Es lo que esperan de ti.

Dar lecciones es distinto. No nos gusta recibirlas. A tus clientes tampoco. No están ahí para que les digas qué tienen que hacer. Están ahí para entender cómo les puedes ayudar.

Si tienes que educar, hazlo. Hazlo compartiendo. No impartiendo. Es una cuestión de actitud.

10.- Ser de plástico

Los negocios se hacen entre personas. Sí, compramos productos de compañías, pero nos relacionamos con personas.

Está bien que tu compañía tenga un estilo determinado. Tiene que ser así. Pero tienes que saber dónde termina el estilo y dónde empieza la persona.

Ser de plástico no ayuda demasiado. Muéstrate como eres. Conecta. Engancha ¿No lo consigues? No pasa nada. No puedes conectar con todos. Somos distintos. Unos pueden ser tus clientes. Otros no lo serán nunca. Así son las cosas.

11.- No parecer profesional

Además de serlo, tienes que parecerlo. No basta con hacer las cosas bien. Hay una serie de elementos que debes conocer. Que debes respetar y que debes trabajar para transmitir la imagen que deseas.

¿Cómo es tu logotipo? ¿Te parece fantástico? Enséñaselo a alguien que no conozca tu historia. Alguien que no esté influenciado. ¿Qué piensa? Enséñaselo a más.

Es muy probable que si tu logotipo es poco profesional salte enseguida. Tan pronto como dejes de contemplarlo tú y empiecen a contemplarlo los demás.

Tu logotipo, tu nombre, tu espacio, tu... son elementos que te definen. Elementos que les dicen a los demás cómo eres. Si no están a la altura, no eres profesional. Da lo mismo el resto. No pasas el corte.

12.- Ser correcto

Ser correcto no es suficiente. El mundo está lleno de negocios correctos. Negocios que ofrecen los productos correctos. Negocios que te tratan correctamente. Negocios que...

Tus clientes no quieren negocios correctos. Quieren negocios que les sorprendan. Negocios que cubran sus necesidades y, cuando ya lo han hecho, sigan haciendo cosas. Negocios que vayan mucho más allá de lo que ellos puedan imaginar.

Esos son los negocios que gustan a tus clientes.

13.- Pensar en ti

Sí, pensar en ti en lugar de pensar en ellos no es una buena idea.

¿Cuál es tu única razón de ser? ¿Servir a tus clientes? Si ésa es tu respuesta, tienes un negocio. Si no coincide, estás fuera.

No puedes pensar en ti. No es necesario. Si te centras en tus clientes y piensas en ellos por encima de todas las cosas, ellos se encargarán de ti. Ellos se preocuparán de tu negocio. No hace falta mucho más.

14.- Mentir

Nunca. No es aceptable. No es aceptable de ninguna de las maneras. Tampoco es rentable.

La mentira es lo que es. ¿Una venta? Es posible. Puedes ir adelante, pero no es muy inteligente.

Todo son relaciones. Hacemos negocios con la gente que conocemos, nos gusta y en la que confiamos. Si traicionas esto, no hay mucho más. Cuando lo haces, te quedas sin negocio. ¿Hoy? Quizá no. ¿Mañana? Tú mismo.

15.- Ser impaciente

Las cosas tienen su tiempo. Cada una su tiempo determinado. Cuando intentas forzarlas, no funciona. Arriesgas demasiado.

La impaciencia no te va a ayudar. Tu trabajo no es forzar los tiempos. Tu trabajo es mover la relación hacia delante. Si lo consigues, estás en el camino.

Es un proceso de maduración. Si intentas recoger la fruta antes de tiempo, los resultados no serán los mejores. ¿Alguna pieza intacta? Seguro. Muchas perdidas.

Cuando el momento es el momento, el resultado es mucho mejor. ¿Alguna pieza intacta? Casi todas. Alguna perdida.

16.- No dar seguimiento

Hay que hacerlo. Nuestra memoria es limitada. Nuestro recuerdo puede desaparecer. Dale seguimiento a tus clientes. Recuérdales que estás ahí. Recuérdales que todavía os quedan muchas cosas por hacer juntos.

El día a día es complicado. Hacemos demasiadas cosas. Prestamos atención a demasiadas cosas. Al final, tu cliente no tiene la obligación de acordarse de todo. Tú sí.

Aquí hay 16 cosas que puedes hacer para espantar a tus clientes y que debes evitar. Hay más. Siempre hay más, pero con estas te puedes asegurar que no vuelvan nunca.

Ten cuidado. No pienses que basta con tratarles bien. Sí, hay que tratarles bien. Claro. No puede ser de otra manera. Pero hay que hacer algo más.

www.ingramcontent.com/pod-product-compliance
Lightning Source LLC
Chambersburg PA
CBHW020637220526
45464CB00001B/180